Barbecue
végétarien

Design graphique : Josée Amyotte
Infographie : Johanne Lemay
Correction : Brigitte Lépine

Photos : © Karacter Uitgevers, The Netherlands
Photographe : Piroschka van de Wouw
Styliste culinaire : Richard Jacobsen
Accessoiriste : Annelies Morris

Photos Shutterstock : pages 26, 36, 68, 152, 172
Photos Stockfood : page 75 et couverture

Catalogage avant publication de Bibliothèque et Archives nationales du Québec et Bibliothèque et Archives Canada

Raichlen, Steven

Barbecue végétarien : fromages, sandwiches, légumes, tofu et desserts sur le gril

Traduit de l'anglais.

ISBN 978-2-7619-3739-9

1. Cuisine végétarienne. 2. Cuisine au barbecue. 3. Grillade. 4. Livres de cuisine. I. Titre.

TX837.R3414 2013   641.5'636   C2013-940424-4

DISTRIBUTEURS EXCLUSIFS :

Pour le Canada et les États-Unis :
2315, rue de la Province
Longueuil, Québec J4G 1G4
Téléphone : 450-640-1237
Télécopieur : 450-674-6237
Internet : www.messageries-adp.com
* filiale du Groupe Sogides inc.,
filiale de Québecor Média inc.

Pour la France et les autres pays :
Immeuble Paryseine, 3, allée de la Seine
94854 Ivry CEDEX
Téléphone : 33 (0) 1 49 59 11 56/91
Télécopieur : 33 (0) 1 49 59 11 33
Téléphone : 33 (0) 2 38 32 71 00
Télécopieur : 33 (0) 2 38 32 71 28
Internet : www.interforum.fr
Télécopieur : 33 (0) 2 38 32 78 86
Internet : www.interforum.fr
Courriel : cdes-export@interforum.fr

Pour la Suisse :
Case postale 69 – CH 1701 Fribourg – Suisse
Téléphone : 41 (0) 26 460 80 60
Télécopieur : 41 (0) 26 460 80 68
Internet : www.interforumsuisse.ch
Courriel : office@interforumsuisse.ch
Zl. 3, Corminboeuf
Case postale 1061 – CH 1701 Fribourg – Suisse
Téléphone : 41 (0) 26 467 53 33
Télécopieur : 41 (0) 26 467 54 66
Internet : www.olf.ch
Courriel : information@olf.ch

Pour la Belgique et le Luxembourg :
Fond Jean-Pâques, 6
B-1348 Louvain-La-Neuve
Téléphone : 32 (0) 10 42 03 20
Télécopieur : 32 (0) 10 41 20 24
Internet : www.interforum.be
Courriel : info@interforum.be

05-14

Les recettes de ce livre proviennent de *Barbecue* et *Barbecue d'intérieur* publiés par Workman Publishing Company Inc. sous les titres *How to Grill* et *Indoor's Grilling*.
Certaines de ces recettes ont été adaptées pour la présente édition.

Dépôt légal : 2013
Bibliothèque et Archives nationales du Québec

ISBN 978-2-7619-3739-9

Gouvernement du Québec – Programme de crédit d'impôt pour l'édition de livres – Gestion SODEC – www.sodec.gouv.qc.ca

L'Éditeur bénéficie du soutien de la Société de développement des entreprises culturelles du Québec pour son programme d'édition.

Conseil des Arts du Canada   Canada Council for the Arts

Nous remercions le Conseil des Arts du Canada de l'aide accordée à notre programme de publication.

Nous remercions le gouvernement du Canada de son soutien financier pour nos activités de traduction dans le cadre du Programme national de traduction pour l'édition du livre.

Nous reconnaissons l'aide financière du gouvernement du Canada par l'entremise du Fonds du livre du Canada pour nos activités d'édition.

Steven Raichlen

Barbecue végétarien

Fromages, sandwiches, légumes, tofu et desserts sur le gril

LES EDITIONS DE L'HOMME
Une société de Québecor Média

Les différents types de cuisson au barbecue

Avant de commencer comme tel, j'aimerais dire un mot sur la terminologie. Le mot barbecue peut signifier différentes choses pour différentes personnes selon l'endroit où elles vivent. Sur les côtes est et ouest ainsi que dans le nord des États-Unis et au Canada, le terme signifie tout genre de cuisson extérieure sur feu nu. Au Texas, dans le sud des États-Unis et dans certaines régions du Midwest américain, le mot désigne plutôt une sorte de viande fumée et cuite lentement, habituellement selon une méthode de cuisson à chaleur indirecte. Ainsi, pour les habitants de la Caroline du Nord, barbecue signifie porc effiloché, pour ceux du Texas, poitrine de bœuf. Ailleurs, le terme peut signifier une pièce d'équipement (le gril), une réunion à caractère social (par exemple un pique-nique organisé par l'église du quartier) ou même un simple repas pris à l'extérieur.

Étant du genre œcuménique, j'utilise le mot à toutes ces sauces. Voici cependant un glossaire des termes techniques ayant trait à divers modes de cuisson sur feu nu.

Griller. Cuire de la nourriture directement au-dessus d'une braise ou d'un feu. L'on fait cuire rapidement et directement sur un feu à chaleur intense. Et par chaleur intense, j'entends entre 230 et 340 °C (450 et 650 °F).

Cuisson à chaleur directe. Une autre façon de nommer le processus décrit ci-dessus.

Cuisson à chaleur indirecte. Un processus hybride entre la grillade rapide sur feu vif et le long processus de fumage sous chaleur indirecte. Dans ce genre de cuisson, le gril est préparé de sorte que le feu brûle d'un côté du gril et les aliments cuisent de l'autre (ou encore, les braises sont réparties de part et d'autre du gril et les aliments sont cuits au milieu). Cette méthode de cuisson permet en quelque sorte de convertir votre gril en four extérieur. On peut aussi faire fumer les aliments par cette méthode en ajoutant des morceaux ou des copeaux de bois au feu. Quand on fait cuire les aliments à chaleur indirecte, il n'est pas nécessaire de les tourner pendant la cuisson. Cette méthode de cuisson se fait habituellement à une température moyenne de 160 à 180 °C (325 à 350 °F) et toujours avec le couvercle du gril fermé.

Cuisson barbecue au sens américain premier. La véritable cuisson barbecue, telle que pratiquée au Texas ou dans le sud des États-Unis, se fait sous une chaleur indirecte, de faible intensité et elle nécessite beaucoup de bois de fumage pour cuire et aromatiser la nourriture. L'appareil traditionnel est constitué d'un fumoir en forme de baril horizontal, comprenant un foyer à une extrémité et une chambre de cuisson ou de fumage à l'autre. Comme je l'ai mentionné plus tôt, les aliments cuisent lentement à une température peu élevée (107 à 120 °C ou 225 à 250 °F) ou moyenne-douce (150 °C ou 300 °F), dans une généreuse fumée de bois (habituellement de chêne ou de hickory). De plus en plus de chefs ont désormais ce genre d'appareil, mais dans ce livre, il sera plutôt question des barbecues plus courants au gaz ou au charbon de bois.

Fumage. Il s'agit d'une variante de la cuisson au barbecue au sens originel du terme. Le fumage peut se faire dans un fumoir en forme de baril horizontal (voir ci-dessus) ou dans un fumoir à eau vertical (voir p. 21). Il existe deux modes de fumage : le fumage à chaud et celui dit à froid. Le fumage à chaud, qui est en réalité un autre terme pour la cuisson au barbecue, se fait généralement à une température de 107 à 120 °C (225 à 250 °F) et vous trouverez dans ce livre des techniques pour cuisiner ainsi. En ce qui concerne le fumage à froid, la nourriture se trouve tellement loin du feu qu'on la fume sans la cuire.

Cuisson dans les braises. Il s'agit sans doute de la plus ancienne méthode de cuisson sur feu nu. L'aliment (souvent un tubercule comme la patate douce ou la pomme de terre) est cuit directement sur les braises. On gratte ensuite l'extérieur carbonisé pour révéler la chair fumante et savoureuse qui se trouve à l'intérieur.

Les pommes de terre et les patates douces sont particulièrement savoureuses cuites dans les braises.

Le barbecue au charbon de bois

Est-ce que le résultat vous importe plus que le procédé pour l'obtenir ? Êtes-vous du genre audacieux ou plutôt orienté sur les valeurs sûres ? Qu'est-ce qui vous importe surtout quand vous partez en voyage, l'aventure ou la destination ? Voilà des questions bien philosophiques ! Mais les réponses vous aideront à choisir le barbecue qui vous convient le mieux. Je parle naturellement du grand débat qui divise les adeptes du barbecue depuis des décennies et qui porte sur l'appareil au charbon de bois par rapport à celui au gaz.

La plupart des inconditionnels de la cuisine au barbecue préfèrent les appareils au charbon de bois et ce n'est pas sans raison. La combustion du charbon de bois dégage plus de chaleur que celle du gaz ce qui permet d'obtenir une saveur plus « grillée ». De plus, les appareils au charbon de bois sont plus polyvalents que ceux au gaz : il est plus facile de jeter des copeaux de bois ou des herbes sur la braise et on obtient aussi un meilleur goût de fumée. Sans compter le fait qu'ils vous occupent tout le temps de la cuisson (autrement dit, ils requièrent une attention constante), ce qui vous donne l'impression d'être un véritable maître du barbecue et non simplement un chef qui cuisine par hasard à l'extérieur. Les barbecues au charbon de bois coûtent aussi beaucoup moins cher que ceux au gaz et vous pouvez les utiliser tant avec du bois qu'avec du charbon. Si vous aviez l'occasion d'assister à un festival de la cuisine au barbecue comme le Memphis in May ou le Kansas City Royal, vous ne verriez aucun gril au gaz à des kilomètres à la ronde.

Alors pourquoi les gens ne se procurent-ils pas tous des appareils au charbon de bois ? D'abord, parce qu'il est salissant de cuisiner sur des charbons. Ensuite, la cuisson sur charbons de bois est plus ou moins imprévisible (chaque feu est différent) et finalement, il est plus difficile de contrôler la température d'un barbecue au charbon de bois. Sur un feu de charbons, on trouve toujours des endroits plus chauds que d'autres et le feu n'est plus le même après 30 ou 60 min de cuisson. Enfin, si vous faites cuire des aliments pendant plus d'une heure, il faut rajouter des charbons. Bref, les barbecues au charbon de bois exigent plus d'attention que les appareils au gaz. Et bien sûr, c'est ce qui les rend plus intéressants !

Une fois que vous maîtrisez la cuisine sur charbon de bois, vous pouvez cuisiner sur à peu près tous les types de grils. Ce qui est une autre bonne raison de choisir un appareil au charbon de bois pour commencer. Mentionnons par ailleurs que vous ne verrez sur les photos de ce livre que des appareils au charbon. Tout adepte sérieux du barbecue devrait avoir au moins un gril au charbon de bois sur son patio.

Comment allumer un barbecue au charbon de bois

Autrefois, on inondait les charbons de bois d'allume-feu liquide et on jetait ensuite une allumette sur le tout. Parfois le feu s'allumait et parfois il ne s'allumait pas. Pour résoudre ce problème d'inconstance, les fabricants ont mis au point des briquettes à combustion instantanée qui sont préalablement imprégnées d'allume-feu. Comme vous vous en doutez, ces briquettes brûlent facilement et uniformément et on les trouve dans la plupart des supermarchés. Mais beaucoup de gens n'aiment pas l'idée de faire cuire leur nourriture sur des charbons qui ont été enduits de produits à base de pétrole. Heureusement, il existe aujourd'hui deux méthodes plus saines, plus sûres et plus écologiques pour allumer les charbons de bois.

L'allume-feu électrique. Un allume-feu électrique est constitué d'un élément chauffant en forme de boucle que l'on place sous un amas de charbons.

Branchez l'allumeur électrique et, après une quinzaine de minutes, les charbons seront incandescents. Utiliser un allumeur électrique est propre, simple et facile, mais cet instrument n'allume pas les charbons de manière aussi uniforme qu'une cheminée d'allumage (voir ci-dessous). Un autre inconvénient de ce type d'allumeur tient de la nécessité d'avoir une source d'alimentation électrique près du gril. J'aime bien utiliser un allumeur électrique lorsque je cuisine sur un gril profond, en céramique par exemple, ou encore un petit barbecue, comme un hibachi.

La cheminée d'allumage. La méthode la plus populaire pour allumer des charbons de bois consiste à utiliser une cheminée d'allumage, c'est-à-dire un grand cylindre métallique vertical qui comprend deux parties séparées par une grille centrale. On entasse les briquettes ou les morceaux de charbon dans la partie supérieure et du papier journal chiffonné dans la partie inférieure. On allume le papier et, après une vingtaine de minutes, on obtient des charbons incandescents. La forme cylindrique de la cheminée aide à allumer les charbons de façon uniforme. De plus, ce genre d'appareil permet de préparer des charbons à l'avance pour les ajouter à votre fumoir ou gril pour vos cuissons sous chaleur indirecte. On trouve des cheminées d'allumage dans toutes les quincailleries et magasins d'équipement spécialisé.

Pour allumer des charbons de bois avec un allumeur électrique, glisser l'extrémité métallique de l'instrument dans un monticule de charbons dans le gril et le brancher. Après 2 ou 3 min, l'élément chauffe au rouge et commence à allumer les charbons. Enlever l'allumeur lorsque la majorité des charbons sont incandescents, soit après 10 à 15 min.

PRÉPARATION D'UNE CHEMINÉE D'ALLUMAGE

1 Placer une ou deux feuilles de papier journal chiffonnées dans la partie inférieure de la cheminée.

2 Poser la cheminée sur la grille du barbecue. Dans la partie supérieure de la cheminée, entasser les briquettes ou morceaux de charbon de bois (comme dans la photo ci-dessus) ou encore les morceaux de bois. Remplir le cylindre jusqu'au bord.

3 Allumer le papier journal à l'aide d'un briquet à longue tige ou avec une grande allumette. Au début, la fumée est épaisse, c'est normal. Ensuite, le charbon ou le bois s'enflamme.

4 Les charbons sont prêts à utiliser lorsqu'ils rougeoient tous, soit après une vingtaine de minutes environ.

Comment préparer un barbecue au charbon de bois pour cuisson à chaleur directe

Avec une cheminée d'allumage, il faut entre 15 et 25 min pour que tous les charbons s'allument et encore 5 à 10 min pour qu'ils commencent à se couvrir de cendre, donc entre 20 et 35 min avant de pouvoir commencer à faire cuire les aliments. Pour une utilisation de tous les jours, une zone unique de chaleur suffit. Pour faire un feu à zone unique, allumez d'abord les charbons dans une cheminée d'allumage. Quand ils rougeoient vivement d'un bel orangé, versez-les au fond du gril et étendez-les en une seule couche uniforme. Laissez un endroit libre de charbons, la zone refuge, au-dessus de laquelle vous pourrez placer vos aliments s'ils commencent à brûler. Commencez la cuisson lorsque les charbons commencent à se couvrir de cendre.

Depuis le temps que je cuisine sur feu nu, j'ai eu l'occasion d'essayer plusieurs configurations de feu au charbon et la disposition que je préfère est celle que j'appelle le feu à trois zones d'intensité de chaleur. Une partie des charbons de bois sont entassés en une double couche sur un côté du gril donnant ainsi une zone de chaleur intense pour saisir les aliments. Le reste est dispersé en une seule couche au centre du gril, ce qui permet d'obtenir une zone de chaleur

ÉVALUATION DE L'INTENSITÉ DE CHALEUR D'UN FEU DE CHARBON DE BOIS

Pour évaluer l'intensité de la chaleur, placer la main à environ 10 cm (4 po) de la grille et commencer à compter « un Mississippi, deux Mississippi, trois Mississippi ». L'intensité de la chaleur vous forcera bientôt à retirer votre main.

- Une chaleur vive ne permet pas de compter plus de deux « Mississippi ».
- Une chaleur d'intensité moyenne-vive permet de compter quatre ou cinq « Mississippi ».
- Une chaleur d'intensité moyenne permet de compter entre six et huit « Mississippi ».
- Une chaleur moyenne-douce permet de compter neuf ou dix « Mississippi ».
- Une chaleur douce permet de compter jusqu'à quatorze « Mississippi ».

PRÉPARATION D'UN CHARBON DE BOIS POUR LA CUISSON À CHALEUR DIRECTE

Porter un gant isolant et verser les charbons incandescents de la cheminée d'allumage au fond du gril.

À l'aide d'une houe de jardinage, ou de tout autre instrument à long manche, répartir les charbons ardents pour former un feu à zone unique ou à trois zones d'intensité de chaleur.

Un feu à trois zones : disposer les charbons en une double couche sur le côté gauche du gril pour obtenir une chaleur maximale pour saisir, et au centre, les disperser en une couche simple pour permettre de cuire les aliments sur feu modéré. Laisser le côté droit du gril libre de charbons pour créer une zone refuge où garder les aliments au chaud sans trop les cuire.

Pour augmenter la chaleur de cuisson d'une pièce de viande à griller sur un feu à trois zones, déplacer la viande vers la zone de chaleur intense. Pour diminuer la chaleur ou éviter que la pièce ne brûle, déplacer la viande vers la zone refuge.

relativement intense pour la cuisson proprement dite. La troisième zone est libre de charbons et sert de zone refuge où placer les aliments qui commenceraient à brûler. Utilisez une houe de jardinage pour répartir les charbons et préparer un feu à trois zones. Une fois les charbons disposés correctement, attendez qu'ils commencent à se couvrir de cendre avant de commencer la cuisson.

QUAND LES CHARBONS DE BOIS SONT-ILS SUFFISAMMENT CHAUDS ?

Une fois les charbons incandescents déversés dans le gril, il faut leur laisser le temps d'atteindre la température voulue pour la cuisson à chaleur directe. Voici un guide approximatif du temps qu'il faut attendre, mais n'oubliez pas que les charbons réagissent différemment selon le gril utilisé. Pour une cuisson à chaleur indirecte, on peut contrôler l'intensité de la chaleur en ouvrant ou en fermant les prises d'air.

TEMPÉRATURE	TEMPS	APPARENCE DU CHARBON
Élevée : 230 à 340 °C (450 à 650 °F)	5 à 10 min	Incandescent, orange vif
Moyenne-élevée : 200 °C (400 °F)	10 à 15 min	Incandescent, orange vif avec des traces de cendre
Moyenne : 160 à 180 °C (325 à 350 °F)	15 à 25 min	Incandescent, orangé avec une légère couche de cendre
Moyenne-faible : 150 °C (300 °F)	25 à 30 min	Orange pâle avec une bonne couche de cendre
Faible : 107 à 120 °C (225 à 250 °F)	30 à 40 min	Légèrement orangé avec une épaisse couche de cendre

L'ajout de charbon

Quand les charbons commencent à se couvrir de cendres, il vous reste environ une heure de cuisson avant que l'intensité du feu ne devienne trop faible. Pour des cuissons plus longues, il vous faudra donc ajouter des charbons. Le plus simple serait sans doute d'ajouter directement des charbons frais à votre feu. Mais, il faudrait alors 10 à 15 min pour que ceux-ci s'allument sans oublier qu'en procédant ainsi, les nouveaux charbons dégageraient une fumée âcre. À noter, cependant, que les morceaux de charbon s'allument plus rapidement et dégagent moins de fumée que les briquettes.

Une autre méthode consiste à préparer un nouveau lot de briquettes dans une cheminée d'allumage une vingtaine de minutes avant de les rajouter au feu. Placez votre cheminée d'allumage sur une surface de brique ou de ciment ou encore directement sur le sol, loin de l'herbe ou de quoi que ce soit d'inflammable. Ne jamais allumer une cheminée d'allumage sur un patio de bois. Ajouter les charbons incandescents à la zone de chaleur intense de votre feu. (Avec un allumeur électrique, il faut allumer les charbons dans un deuxième gril et les transférer ensuite dans le premier à l'aide d'une pelle.)

Tout cela semble sans doute beaucoup plus compliqué que ce ne l'est en réalité. Avec un peu d'expérience, vous saurez d'instinct comment chauffe votre gril et quand ajouter de nouveaux charbons.

L'AJOUT DE CHARBON

Lorsque la plupart des charbons sont réduits en cendres, soit après une heure environ, il est temps d'en ajouter.

Pour ajouter des charbons non allumés, tisonner la braise et l'entasser en un monticule. Y placer les nouveaux charbons. Laisser le barbecue ouvert jusqu'à ce que les charbons s'allument.

Ou encore, allumer un nouveau lot de charbons dans une cheminée d'allumage. Ne jamais placer une cheminée d'allumage près de quoi que ce soit d'inflammable. Ajouter les charbons incandescents au feu et les répartir selon la disposition voulue.

LE FEU DE BOIS

Pour allumer des morceaux de bois dur dans une cheminée d'allumage, procéder de la même façon qu'avec des charbons.

On peut aussi utiliser un sac de morceaux de bois à allumage instantané. Il suffit alors d'allumer les coins du sac avec une allumette. Après 15 min, les morceaux de bois seront enflammés.

On peut aussi placer une bûche de bois dur sur un feu de charbon de bois traditionnel. La combustion de la bûche aromatisera vos aliments et leur donnera cette délicieuse saveur de fumée.

Cuisson à chaleur directe sur feu de bois

Le charbon permet d'obtenir une chaleur nette, intense et sèche pour griller la nourriture, mais ce combustible n'ajoute pas beaucoup à la saveur des aliments. En effet, les composantes du bois productrices de saveurs sont détruites lors de la carbonisation qui le transforme en charbon. Le bois, par contre, ajoute beaucoup à la saveur des aliments, une qualité appréciée par de nombreux adeptes de la cuisson sur feu de bois depuis Florence jusqu'à Buenos Aires. (Et je parle ici du véritable feu de bois, et non de l'utilisation de bois pour fumer.) Auparavant, pour savourer des aliments grillés sur feu de bois, il fallait aller au restaurant. Mais les nouvelles technologies ainsi que de nouveaux combustibles permettent désormais à ceux qui le souhaitent de cuisiner sur feu de bois à la maison. Et vous serez étonné du goût ! Si vous avez un barbecue au charbon en forme de bouilloire, il est facile d'utiliser le bois comme combustible. Rappelez-vous simplement qu'il faut toujours utiliser du bois dur, comme du chêne, du hickory, du pommier, du cerisier ou du prosopis. Les bois mous comme le pin et le sapin produisent trop de suie et de résidus incommodants, voire dangereux.

Il y a deux façons de cuisiner sur feu de bois. La première consiste à utiliser des morceaux de bois dur au lieu des traditionnels charbons de bois. (On trouve ce genre de combustible dans les quincailleries ou les magasins spécialisés.) La deuxième façon consiste à poser une ou deux bûches de bois dur sur un feu de charbons pour obtenir la saveur exquise et parfumée du bois.

Comment préparer un barbecue au charbon de bois pour une cuisson à chaleur indirecte

Tel que mentionné plus tôt, quand on cuisine sur un feu à chaleur indirecte les aliments sont cuits à côté et non directement au-dessus du feu. On place les charbons de bois de part et d'autre du foyer en laissant le centre libre de combustible.

Pour préparer des aliments qui nécessitent plusieurs heures de cuisson avec cette méthode, il faut prévoir ajouter des charbons et des copeaux de bois (lorsqu'on utilise aussi ces derniers) toutes les heures. La façon la plus simple consiste à ajouter, à chaque zone latérale de feu, douze unités de charbon de bois non allumées et de laisser le couvercle du gril ouvert jusqu'à ce qu'elles s'allument. (Les charbons de bois s'allumeront aussi dans un gril couvert, mais ils risquent alors de produire une fumée âcre qui donnerait un goût désagréable aux aliments.) L'inconvénient de cette façon de procéder tient surtout aux pertes de chaleur encourues chaque fois que l'on ouvre le couvercle, ce qui prolonge le temps de cuisson. Et pour ceux qui utilisent du bois, soulignons la perte de fumée aromatisante. Je préfère donc allumer un nouveau lot de charbons dans une cheminée d'allumage et les verser déjà incandescents dans les paniers latéraux.

PRÉPARATION D'UN CHARBON DE BOIS POUR LA CUISSON À CHALEUR INDIRECTE

Allumer les charbons dans une cheminée d'allumage, tel qu'indiqué à la p. 9. Si le barbecue n'est pas muni de paniers latéraux, utiliser un instrument à long manche, comme une houe de jardinage, pour répartir les charbons de part et d'autre du foyer et placer une lèchefrite au centre.

Si le gril est équipé de paniers latéraux, remplir ceux-ci de charbons incandescents et placer une lèchefrite en aluminium au centre du foyer.

Habituellement, la cuisson à chaleur indirecte se fait à une température modérée. Pour réduire la température, ouvrir partiellement les prises d'air situées sur le foyer du gril, sinon le feu s'éteindra. Quand elles sont grandes ouvertes (comme sur la photo ci-dessus), on obtient une chaleur intense.

Régler l'ouverture des prises d'air situées sur le couvercle. Encore une fois, si ces dernières sont fermées (photo du haut), le feu s'éteindra. Leur ouverture complète (photo du bas) permet d'obtenir une chaleur intense.

L'ouverture partielle de la prise d'air de ce gros barbecue en céramique permet de contrôler la circulation d'air et, par conséquent, l'intensité de la chaleur.

En réglant correctement l'ouverture des prises d'air, on peut obtenir une température de 160 à 180 °C (325 à 350 °F) à l'intérieur du barbecue selon les spécifications de la recette.

FUMAGE SUR UN BARBECUE À CHARBON DE BOIS

Pour fumer des aliments sur un barbecue à charbon de bois, placer d'abord des charbons incandescents dans les paniers latéraux ou les répartir de part et d'autre du foyer.

Pour générer de la fumée, ajouter des copeaux de bois préalablement trempés aux charbons incandescents.

Comment fumer les aliments sur un barbecue à charbon de bois

Un des avantages de la cuisson sur barbecue tient à ce qu'elle permet d'ajouter une saveur agréable de fumée de bois aux aliments. La plupart des recettes de ce livre conseillent d'ajouter des copeaux de bois pour le fumage, mais on peut très bien utiliser des morceaux de bois ou même des bûches complètes pour générer la fumée aromatisante. On trouve une grande variété d'essences de bois en copeaux et un bon garde-manger devrait comprendre du hickory, du chêne, du pommier, du cerisier et du prosopis. Pour obtenir un bon goût de fumée, il importe de faire tremper les copeaux dans l'eau pendant environ une heure et de bien les égoutter avant de les placer sur le feu. Je fais habituellement tremper mes copeaux dans une lèchefrite jetable en les couvrant complètement d'eau fraîche. Parfois, pour plus de saveur, je les fais tremper dans de la bière, du vin ou du jus de pomme brut.

Pour convertir votre barbecue à charbon de bois en fumoir, il suffit de le préparer pour une cuisson à chaleur indirecte et d'ajouter une poignée de copeaux (environ 125 ml ou ½ tasse) préalablement trempés et asséchés sur chacun des amas de charbons de part et d'autre du foyer (pour un total de 250 ml ou 1 tasse de copeaux). Quand il ne s'agit que de petites quantités, il n'est pas nécessaire d'assécher complètement les copeaux, il suffit de les secouer avant de les déposer sur la braise. La fumée devrait commencer à s'élever presque aussitôt. Fermer le couvercle du barbecue et régler l'ouverture des prises d'air afin d'obtenir la température voulue.

Le barbecue au gaz

Alors, pourquoi les gens ne choisissent-ils pas tous un barbecue au charbon de bois ? C'est simple : la facilité. Pour le mettre en marche, par exemple, il suffit d'appuyer sur un bouton. On contrôle la température au moyen d'un autre bouton, ce qui en fait un appareil de cuisson aussi prévisible que le four de la cuisinière. (En théorie, du moins. Comme les barbecues au charbon, la plupart des appareils au gaz ont des zones de chaleur d'intensités différentes, alors il faut aussi apprendre à connaître les particularités de son gril. Il n'en reste pas moins qu'un barbecue au gaz ne requiert presque jamais de préparation spéciale et c'est pourquoi les photos des techniques illustrées dans ce livre montrent rarement ce type d'appareil.) Vous pouvez faire cuire vos aliments sans que vos mains ne se couvrent de cendre et que la fumée ne pique vos yeux. Et si vous commencez la cuisson avec une bonbonne de gaz pleine, vous disposez de 12 à 18 heures d'utilisation. Autrefois, avec un barbecue au gaz, il était difficile d'atteindre une température assez élevée pour préparer de bonnes grillades, mais les nouveaux modèles permettent d'obtenir des températures aussi élevées que les appareils au charbon. De plus, beaucoup de barbecues au gaz ont maintenant des bacs à copeaux intégrés, ce qui permet même d'obtenir le goût si apprécié de la fumée de bois.

Comment allumer un barbecue au gaz

Rien n'est plus facile que d'allumer un barbecue au gaz, mais ici encore, il y a une procédure à suivre. D'abord et avant tout, il faut toujours ouvrir le couvercle du barbecue avant d'allumer le gaz. Si vous oubliez, l'accumulation de gaz dans l'appareil risque de provoquer une explosion lorsque vous l'allumerez.

Sur certains modèles, l'inflammateur est jumelé à un brûleur spécifique. Il faut donc allumer ce brûleur en premier, avant d'allumer les autres. Encore une fois, il est important de suivre les indications du fabricant. Préchauffez le gril à la température voulue, habituellement une chaleur intense pour griller sur feu direct, et modérée pour cuire sous chaleur indirecte. Pour assurer une intensité de chaleur maximale, je préchauffe toujours un barbecue au gaz jusqu'à ce qu'il soit chaud (15 à 20 min), puis je le laisse fonctionner à température élevée 10 min de plus pour obtenir une chaleur bien intense.

Si votre barbecue ne s'allume pas, il se peut que la bonbonne de gaz soit vide ou que vous ayez oublié d'en ouvrir la valve, ou encore que les trous du brûleur soient obstrués par de l'eau ou de la saleté. Utilisez une épingle pour les nettoyer. Si tout semble en règle et qu'il ne s'allume toujours pas, il vaut mieux communiquer avec le fabricant.

L'utilisation du barbecue au gaz

Cuisson à chaleur directe. Régler tous les brûleurs à température élevée. On contrôle la chaleur en tournant plus ou moins les boutons des brûleurs.

Avec un barbecue à trois ou quatre brûleurs, on peut préparer l'appareil pour obtenir un feu à trois zones d'intensité de chaleur. Il suffit de régler un brûleur à intensité maximale, un ou deux autres à intensité moyenne, et de laisser un des brûleurs éteint. Une telle configuration permet de déplacer les aliments sur la grille pour trouver la température de cuisson idéale.

PRÉPARATION DU BARBECUE AU GAZ

1 Ouvrir d'abord le couvercle du barbecue. Ensuite, ouvrir la valve de gaz de la bonbonne.

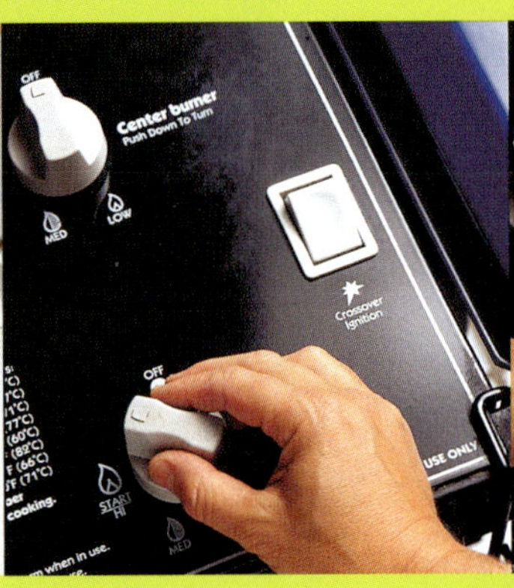

2 Tourner le bouton pour que le gaz puisse se rendre jusqu'au brûleur servant à l'allumage.

3 Pousser l'interrupteur d'allumage et le maintenir enfoncé jusqu'à ce que le feu s'allume. (Si cela ne fonctionne pas, utiliser une allumette.)

4 Pour s'assurer que le feu a pris, placer la main à 10 cm (4 po) environ audessus de la grille pour sentir la chaleur. Si après une minute, le feu ne s'allume pas, fermer le bouton du brûleur et attendre quelques minutes pour permettre au gaz de se dissiper avant de reprendre les étapes 2 à 4.

Cuisson sous chaleur indirecte. Il est facile de préparer un barbecue au gaz pour la cuisson sous chaleur indirecte, mais encore faut-il que l'appareil soit muni d'au moins deux brûleurs. Si c'est le cas, n'en allumer qu'un seul pour préchauffer l'appareil. Quand le barbecue est chaud, placer les aliments sur la grille du côté du brûleur non allumé. Si votre barbecue comporte trois brûleurs, allumez-en deux, ceux de l'avant et de l'arrière ou de gauche et de droite, et faites cuire les aliments au centre. S'il comporte quatre brûleurs, allumez ceux en périphérie et faites cuire la nourriture au centre. La plupart des barbecues au gaz sont munis de récipients pour recueillir la graisse sous le foyer, alors il n'est habituellement pas nécessaire de placer une lèchefrite dans le foyer.

Le fumage sur un barbecue au gaz

Les anciens barbecues au gaz ne permettaient pas vraiment de fumer les aliments. Beaucoup d'entre eux ne devenaient en effet jamais assez chauds pour que les copeaux de bois commencent à fumer. Et même si la chaleur était suffisante, on pouvait difficilement placer les copeaux près du feu. Pire encore, beaucoup d'appareils devaient fonctionner au maximum pour générer de la fumée et ce réglage est habituellement trop chaud pour la cuisson à chaleur indirecte de même que pour le fumage.

Ce problème a été résolu dernièrement avec l'introduction d'un bac à copeaux de bois jumelé à un brûleur. Il s'agit en fait d'un tiroir long et mince que l'on ouvre pour le remplir de copeaux. Le brûleur qui est jumelé au bac simplifie le fumage puisqu'il est possible de chauffer les copeaux à intensité suffisamment élevée pour générer de la fumée tout en maintenant une chaleur modérée ou même faible dans le reste du barbecue pour cuire lentement et à température douce. Pour l'utilisateur, l'idéal est que le bac à copeaux se trouve sur un des côtés du barbecue et non au centre, sinon la chaleur dégagée par le bac interfère avec celle souhaitée pour la cuisson indirecte.

Si votre barbecue est équipé d'un bac à copeaux, suivez les

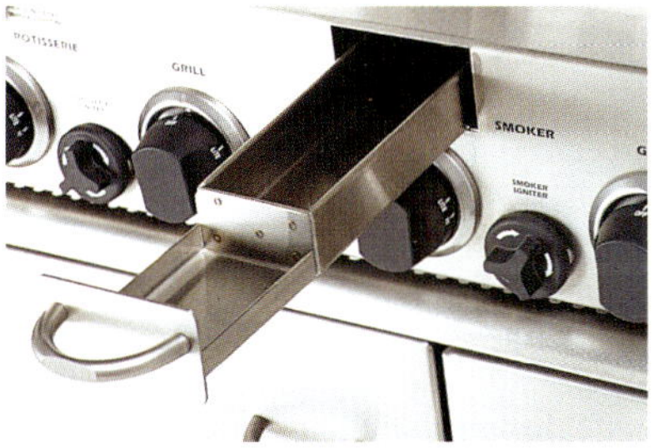

Un bac à copeaux coulissant intégré à un barbecue au gaz.

indications du fabricant et ajoutez-y des copeaux de bois préalablement trempés. Si votre appareil n'a pas de bac à copeaux, vous pouvez préparer des copeaux en papillote.

L'utilisation des copeaux en papillote

Pour fumer des aliments sur un barbecue au gaz qui ne comporte pas de bac à copeaux, vous pouvez facilement préparer des copeaux en papillote. Il suffit d'avoir du papier d'aluminium très résistant. Une fois votre papillote faite, placez-la sous la grille au-dessus d'un des brûleurs tel qu'illustré ci-contre. Ensuite, chauffez le barbecue jusqu'à ce qu'émergent des volutes de fumée. Il faut souvent préchauffer le gril au maximum pour que les copeaux commencent à produire de la fumée, mais une fois le processus entamé, on peut réduire la chaleur à la température de cuisson voulue.

Au lieu de ces pochettes d'aluminium, on peut aussi utiliser quelques morceaux de bois préalablement trempés que l'on dépose directement au-dessus du brûleur, comme on le fait avec les papillotes.

COMMENT PRÉPARER DES COPEAUX EN PAPILLOTE

1 Placer des copeaux de bois préalablement trempés au centre d'une feuille de papier d'aluminium résistant.

2 Ramener les côtés les plus courts de la feuille au-dessus des copeaux.

3 Fermer le haut de la papillote en faisant un double pli dans le papier d'aluminium pour bien sceller.

4 Fermer les extrémités de la papillote avec un double pli encore une fois.

5 Percer des trous sur le dessus de la papillote avec la pointe d'un couteau ou d'un crayon pour permettre à la fumée de s'échapper.

6 Lorsque chauffée, la papillote génère de la fumée.

FUMAGE SUR UN BARBECUE AU GAZ

Placer la papillote contenant les copeaux sous la grille et directement au-dessus d'un des brûleurs.

Chauffer le barbecue à température élevée jusqu'à ce que la fumée apparaisse, puis réduire la chaleur à la température voulue.

Ou encore, placer un ou deux morceaux de bois préalablement trempés sous la grille et directement au-dessus d'un des brûleurs.

Le contrôle de la chaleur

Le contrôle de la chaleur constitue le plus grand défi de la cuisson au barbecue. Et cela est d'autant plus vrai en ce qui concerne les appareils qui fonctionnent au charbon ou au bois, mais même ceux au gaz présentent certaines particularités. La raison pour laquelle le contrôle de la chaleur est si délicat tient au fait que chaque feu et chaque type de combustible brûlent différemment. La chaleur d'un feu de charbon ou de bois varie en fonction du temps. Un feu de charbon de bois perd entre 30 et 50 °C (entre 50 et 100 °F) avec chaque heure de combustion. L'utilisation d'un barbecue, et notamment d'un barbecue au charbon de bois, ne se compare pas à l'utilisation d'une cuisinière : le contrôle de la chaleur y est beaucoup plus délicat et exigeant.

Contrôler la chaleur d'un barbecue au charbon ou au bois. Il y a quatre façons de contrôler la chaleur d'un barbecue au charbon ou au bois :

En faisant varier le temps qui s'est écoulé entre le moment de l'allumage et le moment où l'on place les aliments sur la grille. Quand on allume des charbons dans une cheminée d'allumage, il faut compter entre 15 et 20 min pour qu'ils s'allument tous (ils rougeoient alors d'un bel orangé). Une fois les charbons incandescents répartis uniformément dans le foyer, il faut leur laisser encore 5 min environ pour qu'ils commencent à se couvrir de cendre. À partir de ce moment, la chaleur du feu diminue graduellement. (Comme je l'ai déjà mentionné, une heure après avoir allumé le barbecue, l'intensité de la chaleur aura diminué de 30 à 50 °C (50 à 100 °F). Pour cuisiner sur un feu à chaleur intense, il faut placer la nourriture sur la grille dès que les charbons commencent à se couvrir de cendre (20 à 30 min après les avoir allumés). Pour obtenir un degré de chaleur un peu moindre, laisser brûler les charbons un peu plus longtemps avant de poser les aliments sur la grille.

Toujours laisser une section du foyer libre de charbons pour obtenir une zone de chaleur moins intense.

En rassemblant les charbons en une seule pile ou en les dispersant pour former une couche mince. Quand les charbons sont empilés en une couche double ou triple, ils émettent plus de chaleur que lorsqu'ils sont dispersés en une seule couche. Il s'agit du même principe que celui exploité pour préparer un feu à trois zones d'intensité de chaleur. Ainsi, on dispose une partie des charbons de bois en une double couche et le reste en une seule couche en veillant à garder une section du foyer libre de charbons. Pour contrôler la chaleur de cuisson, il suffit de déplacer les aliments

TEMPÉRATURES

INTENSITÉ DE CHALEUR	TEMPÉRATURE	OÙ PLACER LES ALIMENTS SUR UN BARBECUE AU CHARBON DE BOIS	COMMENT RECONNAÎTRE QU'UN BARBECUE AU CHARBON DE BOIS EST PRÊT*	RÉGLAGE DES BRÛLEURS D'UN BARBECUE AU GAZ	COMMENT RECONNAÎTRE QU'UN BARBECUE AU GAZ EST PRÊT	UTILISATION
Élevée	230 à 340 °C (450 à 650 °F)	Au-dessus de la zone de chaleur intense (qu'il s'agisse d'un feu à zone unique ou à trois zones d'intensité de chaleur).	Les charbons rougeoient d'un orange vif et on ne peut laisser la main à environ 10 cm au-dessus de la grille pour plus de 2 ou 3 secondes (en comptant « 1 Mississippi, 2 Mississippi, etc. »).	Intensité maximale	Le thermomètre du barbecue indique 230 à 340 °C (450 à 650 °F) et on peut laisser la main à environ 10 cm de la grille le temps de compter 2 ou 3 « Mississippi ».	Pour griller des tranches fines ou de petites pièces de viande, de fruits de mer ou de légumes sur feu à chaleur directe. Pour saisir des pièces de viande plus volumineuses.
Moyenne-élevée	200 °C (400 °F)	Entre les zones de chaleur intense et modérée sur un feu à trois zones ou au-dessus d'un feu d'intensité moyenne-élevée pour une configuration à zone unique.	Les charbons incandescents sont orangés et commencent à se couvrir de cendre ; on peut compter 4 à 5 « Mississippi ».	Intensité moyenne-élevée	Le thermomètre du barbecue indique 200 °C (400 °F) et on peut compter 4 ou 5 « Mississippi ».	Pour griller des tranches fines de viande, de fruits de mer ou de légumes sur feu à chaleur directe. Pour saisir un peu plus doucement de plus grosses coupes de viande.
Moyenne	160 à 180 °C (325 à 350 °F)	Au-dessus de la zone d'intensité modérée d'un feu à trois zones ou au-dessus d'un feu d'intensité moyenne pour une configuration à zone unique.	Les charbons sont légèrement couverts de cendre, mais encore orangés ; on peut compter entre 6 et 8 « Mississippi ».	Intensité moyenne	Le thermomètre du barbecue indique 160 à 180 °C (325 à 350 °F) et on peut compter 6 à 8 « Mississippi ».	Pour griller des pièces de viande plus épaisses comme le poulet en crapaudine ou les demi-poulets et pour la plupart des cuissons à chaleur indirecte.
Moyenne-douce	150 °C (300 °F)	Entre la zone d'intensité modérée et la zone refuge d'un feu à trois zones ou sur un feu d'intensité moyenne-douce pour une configuration à zone unique.	Les charbons sont couverts de cendre et on distingue encore un peu d'incandescence ; on peut compter de 9 à 10 « Mississippi ».	Intensité moyenne-faible	Le thermomètre du barbecue indique 150 °C (300 °F) et on peut compter 9 ou 10 « Mississippi ».	Pour cuire à chaleur indirecte et pour fumer. Pour réchauffer des aliments grillés sur feu à chaleur directe.
Douce	107 à 120 °C (225 à 250 °F)	Entre la zone d'intensité modérée et la zone refuge d'un feu à trois zones, mais plus près du côté le moins chaud ou encore sur le feu doux d'une configuration à zone unique.	Les charbons sont couverts d'une épaisse couche de cendre et on distingue à peine un rougeoiement orangé ; on peut compter entre 11 et 14 « Mississippi ».	Intensité minimale	Le thermomètre du barbecue indique 107 à 120 °C (225 à 250 °F) et on peut compter entre 11 et 14 « Mississippi ».	Pour fumer et pour cuire à chaleur indirecte les grosses pièces ou les aliments plus délicats. Pour réchauffer des aliments grillés sur feu à chaleur directe.

***NOTE :** La couleur des charbons est approximative. On pourrait aussi cuire des aliments à chaleur indirecte de charbons incandescents orangés en fermant partiellement les prises d'air pour réduire la température.

au-dessus des différentes zones d'intensité de chaleur. On utilise la zone de chaleur intense pour saisir, faire dorer et rendre l'extérieur d'un aliment croustillant ; la zone de chaleur modérée sert à cuire et celle sous laquelle il n'y a pas de charbons peut servir de réchaud ou encore de refuge pour les aliments qui commenceraient à brûler.

En réglant l'ouverture des prises d'air du foyer et du couvercle. L'oxygène permet une meilleure combustion du charbon de bois ; en absence d'oxygène, le feu s'éteint. Pour une cuisson à chaleur indirecte (ou lors de l'utilisation d'un hibachi muni de prises d'air pour griller sur feu à chaleur directe), ouvrir ou fermer les prises d'air pour augmenter ou réduire la chaleur. Pour griller sur feu à chaleur directe, ouvrir les prises d'air du foyer.

En montant ou en baissant la grille. Plus les aliments sont près des charbons de bois, plus la chaleur est intense et plus ils cuisent vite. Plus ils sont loin, moins la chaleur est intense et plus il leur faut de temps pour cuire. Certains barbecues à charbon de bois (notamment les hibachis, les tables de cuisson et le barbecue colonne) possèdent des grilles que l'on peut monter ou baisser pour contrôler le degré de chaleur.

Le contrôle de la chaleur sur un barbecue au gaz. Il est plus facile, du moins en théorie, de contrôler la chaleur sur un barbecue au gaz. Il suffit en effet de régler le thermostat du brûleur. Toutefois, la température voulue n'est pas atteinte instantanément. Alors, sur un appareil au gaz comprenant trois ou quatre brûleurs, je recommande souvent de régler un des brûleurs à intensité maximale, un ou deux autres à intensité moyenne et un dernier à intensité minimale. En fait, c'est la façon d'obtenir un feu à trois zones d'intensité de chaleur et il suffit alors de déplacer les aliments d'une zone à une autre pour contrôler l'intensité de la chaleur de cuisson.

Certains barbecues au gaz, surtout les moins chers, atteignent difficilement une température suffisamment élevée pour bien saisir les aliments. Préchauffer le barbecue à température élevée pendant le temps recommandé par le fabricant (habituellement 15 min), puis le laisser fonctionner encore 5 à 10 min de plus. Cette méthode devrait permettre au barbecue d'atteindre une chaleur assez intense pour saisir. Avec un appareil de faible puissance, il est inutile de préparer un feu à trois zones d'intensité, car même avec tous les brûleurs réglés au maximum, il est difficile d'obtenir une chaleur suffisante pour saisir.

Avec tous les types de barbecues, on peut généralement raccourcir le temps de cuisson en couvrant le gril. Avec un barbecue au charbon, toutes les prises d'air devraient alors être complètement ouvertes.

Griller les morceaux fins, comme des tranches de courgettes, sur un feu intense à chaleur directe.

En règle générale, plus les aliments sont petits ou minces, plus on utilise une chaleur intense pour les griller. Ainsi, on fera cuire les fines tranches de légumes directement sur un feu à chaleur intense. Pour des biftecks plus épais, des morceaux de poulet, des demi-poulets, des poissons entiers et des légumes plus épais, on utilisera un feu à chaleur modérée. On peut les saisir d'abord et ensuite les laisser cuire sur un feu de moindre intensité.

Les fumoirs

Les fumoirs, comme leur nom l'indique, servent à fumer. Bien que la plupart des modèles (mais pas tous) utilisent le charbon ou le bois comme combustible, la nourriture n'est pas cuite directement au-dessus des flammes. En fait, dans un fumoir américain traditionnel (souvent appelé baril horizontal, voir p. 23), la nourriture est cuite dans une section séparée de celle où brûle le feu. Il existe aussi des fumoirs électriques, et si le côté pratique de l'électricité ne vous gêne pas (comme c'est le cas pour certains puristes), sachez qu'ils permettent d'obtenir une excellente saveur de fumée, et ce, beaucoup plus facilement que leurs homologues au charbon.

La cuisson au fumoir

Pour bien des gens, et particulièrement pour les Américains du Texas, de Memphis, de Kansas City ou de la Caroline du Nord, le barbecue domestique courant n'est que le parent pauvre du véritable barbecue, l'appareil de choix étant le fumoir.

Le fumage est une forme de cuisson sur feu nu typiquement américaine, et pour certains, il s'agit de la seule vraie méthode de cuisson sur charbons de bois.

Il existe deux types de base de fumoirs domestiques : les appareils à eau et les barils. Tous deux sont faciles à utiliser et permettent d'obtenir un goût riche et suave de fumée de bois.

Le fumoir à eau vertical

Le fumoir à eau vertical ressemble à un gros obus sur pattes. Il comprend un foyer dans la partie inférieure, un bac à eau au centre et une chambre à cuisson sous le couvercle en forme de dôme. L'ingéniosité de ce type de fumoir tient au bac d'eau qui y est intégré. En effet, pendant le fumage, la nourriture a tendance à se dessécher, alors le fait de placer un bac d'eau (de bière, de vin, de jus de pomme brut ou de tout autre liquide aromatisant) au centre du fumoir permet d'obtenir des aliments juteux et succulents.

Le fumoir à eau traditionnel fonctionne au charbon de bois. Mais, de plus en plus de gens utilisent des fumoirs à eau électriques. Ces derniers permettent de maintenir une température et une fumée stables et uniformes sans qu'il faille ajouter de combustible toutes les heures.

Le fumoir horizontal de type baril

Le fumoir horizontal a été conçu d'après les énormes cuiseurs utilisés par les professionnels lors des compétitions de cuisine au barbecue. Ce genre de fumoir est constitué d'une chambre de fumage de forme cylindrique ou cubique séparée du foyer. La chambre de fumage peut être horizontale comme dans la photo ci-contre et dans celle de la p. 471, ou verticale. Le fait que le foyer soit séparé de la chambre de fumage permet de brûler du charbon ou des bûches entières tout en maintenant, dans la chambre de fumage, une chaleur douce telle que requise pour le processus de fumage. La plupart des modèles domestiques fonctionnent au charbon auquel on ajoute des morceaux de bois préalablement trempés pour générer de la fumée.

PRÉPARATION DU FUMOIR À EAU VERTICAL

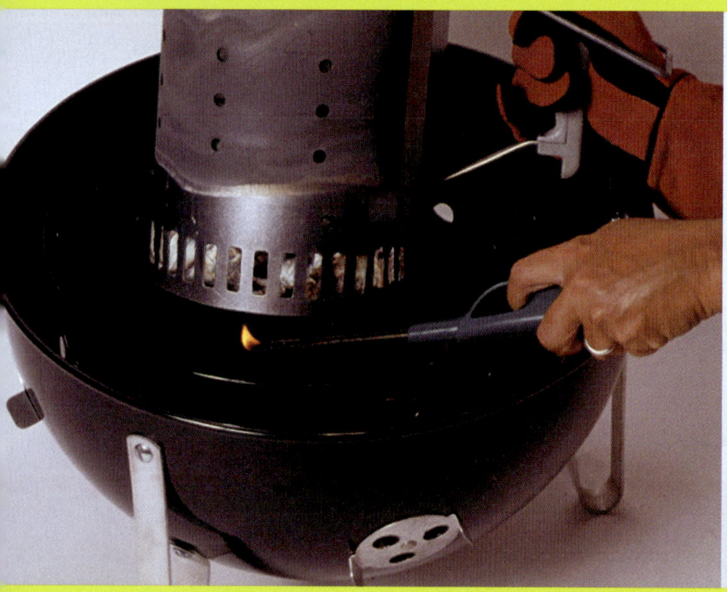

1 S'il s'agit d'un fumoir au charbon, allumer les charbons dans une cheminée d'allumage tel qu'indiqué à la p. 9. S'il s'agit d'un fumoir électrique, il suffit de le brancher.

2 Verser les charbons incandescents sur la grille du foyer.

3 Mettre la section centrale au-dessus du foyer et y placer le bac d'eau. Ajouter au moins 5 cm (2 po) d'eau ou de liquide aromatisant comme de la bière, du vin ou du jus de pomme brut.

4 Installer la grille supérieure et y placer l'aliment au centre, au-dessus du bac d'eau. En ouvrant la porte prévue à cet effet, mettre des copeaux de bois dans le bac à copeaux ou les ajouter directement aux charbons. Couvrir le fumoir. Pour un fumoir à eau, prévoir 3 à 8 heures de fumage selon l'aliment à fumer et la température à laquelle se fait le processus. Pour une véritable cuisson de type sudiste, fumer sous chaleur douce, environ 107 °C (225 °F). Ajouter des charbons et des copeaux de bois toutes les heures. Ouvrir le couvercle pour vérifier la cuisson.

PRÉPARATION D'UN FUMOIR HORIZONTAL DE TYPE BARIL

1 Allumer les charbons de bois dans une cheminée d'allumage posée dans la section foyer du fumoir (voir p. 9).

2 Verser les charbons incandescents dans le foyer.

3 Ajouter les copeaux ou les morceaux de bois dur préalablement trempés à la braise.

4 Pour contrôler la température, ouvrir ou fermer les prises d'air du foyer. On peut aussi régler l'ouverture du registre de la cheminée du fumoir. Fermer les prises d'air pour réduire la température. (À noter que si l'on ferme complètement toutes les prises d'air, le feu s'éteindra.) Placer la nourriture sur la grille de la chambre de fumage. Pour un fumage de plus d'une heure, prévoir ajouter des charbons et du bois toutes les heures.

5 Le fumage dessèche la nourriture. Il peut donc être utile d'envelopper les aliments comme des côtes levées ou une poitrine de bœuf dans du papier d'aluminium pour la dernière heure de cuisson afin d'en préserver le jus.

Derniers conseils

Les inconditionnels du barbecue ne sont certes pas parfaits, mais ils sont habituellement d'une propreté méticuleuse en ce qui concerne leurs grilles. Pas étonnant puisque c'est la partie du barbecue qui entre effectivement en contact avec la nourriture. En plus d'être dégoûtante, une grille sale fait coller les aliments et ne laisse pas des marques nettes et bien délimitées. Alors, les férus de la cuisine au barbecue gardent leurs grilles religieusement propres et bien huilées.

Comment nettoyer la grille

Une brosse métallique dure munie d'un long manche est l'outil idéal pour nettoyer la grille. Toujours nettoyer la grille deux fois en brossant vigoureusement. D'abord, quand elle est chaude, juste avant d'y poser les aliments (le préchauffage du barbecue permet de stériliser la grille et aide à en détacher les débris carbonisés.) Brosser la grille une deuxième fois après avoir fait cuire les aliments tandis que le gril est encore chaud. Beaucoup de brosses métalliques sont aussi munies d'un racloir. Utiliser ce dernier pour déloger les débris plus coriaces.

Je ne me soucie habituellement pas de nettoyer le foyer de mon barbecue à moins qu'il ne devienne vraiment dégoûtant. Quand c'est le cas, une brosse à récurer et un nettoyeur de barbecue ou de l'eau savonneuse suffisent.

Comment huiler la grille

L'autre secret pour éviter que la nourriture ne colle à la grille consiste à l'huiler ou la graisser juste avant la cuisson. (Une grille bien huilée laissera aussi des marques plus nettes sur les aliments.) Vous avez le choix de 2 méthodes pour huiler votre grille : un papier essuie-tout ou un chiffon imbibés d'huile ou un vaporisateur d'huile. Quand vous huilez votre grille avec un essuie-tout ou un chiffon, vous vous trouvez à la nettoyer encore une dernière fois. Si vous cuisinez sur une grille de taille industrielle, attachez un torchon à vaisselle propre au bout d'un long bâton et utilisez cet instrument maison pour huiler la grille. Assurez-vous que la grille est très chaude avant de l'huiler.

Vaporiser de l'huile est la méthode la plus rapide, mais il faut absolument enlever la grille du feu pour ce faire ! L'huilage devient facultatif lorsqu'il s'agit de coupes de viande grasses comme les côtes levées ou de légumes à peau lisse comme les épis de maïs.

NETTOYAGE DE LA GRILLE

Préchauffer le barbecue. Quand la grille est bien chaude, la frotter vigoureusement avec une brosse métallique munie d'un long manche pour en déloger les débris.

Ce tampon métallique nettoie bien, mais sans long manche, il reste difficile à utiliser sur une grille chaude. Il faut donc porter un gant isolant.

HUILAGE DE LA GRILLE

Plier un morceau de papier essuie-tout quelques fois pour former un tampon et le tenir à l'aide d'une pince à long manche. Tremper le papier dans un bol d'huile végétale.

Frotter les barres de la grille avec le tampon imbibé d'huile. En plus d'huiler la grille, le papier la nettoiera des fins débris qui pourraient encore y adhérer.

On peut aussi vaporiser de l'huile sur la grille. Dans ce cas, cependant, toujours tenir la grille loin du feu.

Ne jamais huiler une grille ainsi. Ne jamais vaporiser d'huile sur une grille placée au-dessus du feu. Les fines gouttelettes d'huile pourraient s'enflammer et causer un incendie généralisé.

Comment vider le bac à cendres

De nombreux barbecues au charbon sont munis d'un bac à cendres, c'est-à-dire d'un récipient en métal en forme de casserole relié à la partie inférieure du foyer et conçu pour recueillir les cendres qui s'accumulent au fur et à mesure que les charbons se consument. Avec un barbecue à foyer profond, ouvrir et fermer plusieurs fois la prise d'air du foyer pour faire descendre les cendres dans le cendrier. Quand celui-ci est plein, le détacher de la base du foyer et le vider. Mise en garde : Ne jamais jeter de cendres chaudes dans un sac de papier ou une poubelle de plastique. Assurez-vous que les cendres sont complètement refroidies avant de les mettre aux ordures. Pour ma part, j'attends habituellement jusqu'au lendemain avant de me débarrasser des cendres. Il faut à tout prix éviter de mettre des cendres chaudes sur des ordures qui risquent de prendre feu.

Vous savez maintenant comment préparer différents types de feux, vous connaissez les diverses méthodes de cuisson et de fumage et vous savez comment nettoyer et huiler votre grille.

Il est temps de commencer à cuisiner.

Hors-d'œuvre

Quand je prépare mes menus, j'aime que tous les plats soient grillés, des hors-d'œuvre aux desserts. Mes invités ne sont plus étonnés quand je leur offre une gaspacho fumée, une purée d'aubergine grillée ou un succulent fromage grillé pour les mettre en appétit.

Camembert grillé au pistou et à la sauce tomate

4 À 6 PORTIONS

NÉCESSAIRE : 1 planche de cèdre mise à tremper dans l'eau froide pendant 30 min et égouttée.

Le fromage devient tout autre quand on le met sur le gril. Il suffit de penser au saganaki des Grecs, au provoleta des Argentins ou à la raclette des Suisses. Un véritable délice avec une sauce aux tomates grillées ou une salsa aux tomates fumées accompagnée de bon pain grillé.

1 gros camembert de 240 g (8 oz) ou 2 petits de 150 g (5 oz)

75 ml (1/3 tasse) de pesto maison ou du commerce

75 g (1/3 tasse) de noix de pin

SAUCE : Sauce aux tomates grillées (voir p. 204) ou Salsa aux tomates fumées (voir p. 200) et Bruschetta traditionnelle (voir p. 39)

1. Préparer le gril pour cuisson à chaleur indirecte (voir p. 12 pour cuisson au charbon de bois et p. 16 pour cuisson au gaz) et préchauffer à température moyenne-élevée.
2. Égoutter la planche. Placer le camembert au centre. Étendre le pesto et le recouvrir d'une épaisse couche de noix de pin. Placer la planche au centre de la grille, loin de la chaleur, et fermer le couvercle. Cuire 15 min, jusqu'à ce que la garniture soit dorée et bouillonnante et les côtés du fromage, tendres au toucher.
3. Pour servir, découper le camembert en pointes, l'accompagner de sauce aux tomates grillées et de pain grillé (étendre le fromage chaud sur le pain).

TRUC

- **J'ai essayé cette recette avec plusieurs camemberts différents et j'ai toujours obtenu de bons résultats. Qu'il s'agisse de camemberts authentiques, de camemberts industriels, de fromages ronds ou carrés, ils conviennent tous à cette recette.**

Fromage flambé à l'ouzo à la mode chypriote

4 PORTIONS

« Le fromage que l'on peut faire griller ! » Tel est le slogan d'une importante entreprise de produits laitiers de Chypre qui fabrique le halloumi, un fromage blanc salé que je trouve idéal pour le gril. Il offre l'avantage de rester ferme sous la dent même après avoir affronté la chaleur du feu et le flambage au brandy. J'ai l'habitude de couper le brandy avec un peu d'ouzo ou de raki, deux boissons à base d'anis. Le goût de l'anis s'harmonise de manière étonnante au sel et à la menthe contenus dans le fromage. Le fait de flamber le fromage est toujours spectaculaire.

240 g (8 oz) de fromage halloumi, coupé en tranches de 1,25 cm (½ po) d'épaisseur

Huile d'olive

Poivre noir frais moulu

3 c. à soupe d'ouzo ou d'une autre boisson à base d'anis

3 c. à soupe de Metaxa ou de brandy

Pain croûté ou Bruschetta traditionnelle (p. 39)

1. Préparer le gril pour cuisson à chaleur directe (voir p. 10 pour cuisson au charbon de bois et p. 15 pour cuisson au gaz) et préchauffer à température élevée.
2. Badigeonner chaque tranche de fromage sur les deux faces avec 1 ½ c. à café (1 ½ c. à thé) d'huile d'olive. Poivrer de chaque côté.
3. Mélanger l'ouzo et le Metaxa dans un petit bol.
4. Quand le gril est prêt, brosser et huiler la grille. Déposer les tranches de fromage sur la grille chaude. Le fromage grésillera et brunira légèrement après 2 à 4 min de cuisson. Retirer le fromage avant qu'il fonde sur le gril.
5. Déposer le fromage dans un plat ovale. Chauffer l'ouzo et le Metaxa dans une petite casserole placée à feu doux (ne pas laisser bouillir sinon l'alcool s'évaporera). Retirer la casserole du feu, enflammer l'ouzo aussitôt avec une longue allumette et verser sur le fromage. (Il est très important de procéder au flambage loin de tout objet inflammable après avoir d'abord roulé ses manches et attaché ses cheveux.) Servir le fromage dès que le feu est éteint.

NOTES : On trouve l'halloumi dans les épiceries libanaises, grecques, turques et du Moyen-Orient. Certaines variétés sont tachetées de vert parce qu'elles contiennent de petits morceaux de feuilles de menthe. Si vous n'en trouvez pas, achetez du kasseri, un excellent fromage grec qui fera aussi bien l'affaire.
Pour flamber, je recommande un mélange à parts égales d'ouzo et de Metaxa. Si vous n'en avez pas, prenez du brandy, du cognac et même de la vodka.

Gaspacho fumé

4 PORTIONS

NÉCESSAIRE : 1 ½ tasse de copeaux de bois (hickory ou chêne de préférence) trempés 1 h dans suffisamment d'eau froide puis égouttés.

Voici un gaspacho à base de tomates prunes fumées, de poivrons, d'ail et d'oignons. Pendant l'été, le curieux mariage entre la fraîcheur des légumes, leur goût fumé et l'arôme de bois de chêne vous coupera le souffle. Servez ce gaspacho avec le pain à l'ail de la p. 47.

Huile de cuisson en vaporisateur (facultatif)

6 tomates prunes (environ 600 g/1 ¼ lb), coupées en deux sur la longueur

1 poivron rouge moyen, évidé, épépiné et coupé en quartiers

1 concombre moyen, pelé, coupé en deux et épépiné

¼ de gros oignon rouge

2 gousses d'ail, épluchées et enfilées sur un cure-dent de bois

3 c. à soupe d'huile d'olive extravierge

2 c. à soupe de vinaigre de vin rouge, ou plus au goût

Gros sel de mer ou sel casher et poivre noir frais moulu

2 c. à soupe de ciboulette fraîche ou d'une autre herbe fraîche, hachée

VARIANTE : Vous pouvez aussi cuire les légumes en les fumant dans le fumoir. Si vous vous servez d'un fumoir, suivez les instructions du manufacturier. Préchauffez le four à 120 °C (250 °F). Placez les légumes dans le fumoir et cuire de 30 à 40 min, jusqu'à ce qu'ils soient légèrement fumés.

1. Préparer le gril pour cuisson à chaleur indirecte (voir p. 12 pour cuisson au charbon de bois et p. 16 pour cuisson au gaz) et préchauffer à température moyenne-élevée. Si on a un appareil alimenté au gaz, mettre les copeaux de bois dans le bac à copeaux (voir p. 17 et préchauffer jusqu'à ce qu'une fumée commence à se dégager.
2. Quand le gril est prêt, brosser et huiler la grille. Jeter les copeaux de bois de part et d'autre sur la braise si on a un barbecue au charbon de bois. Placer les légumes au centre de la grille, loin de la chaleur, et fermer le couvercle. Faire fumer de 5 à 10 min, jusqu'à ce que les légumes soient dorés. Les légumes doivent demeurer croquants au centre.
3. Mettre les légumes sur une planche à découper et laisser refroidir à température ambiante. Couper les légumes en morceaux de 2,5 cm (1 po) et réduire en purée à l'aide du robot de cuisine ou du mélangeur.
4. Pendant que le moteur tourne, ajouter 2 c. à soupe d'huile d'olive, le vinaigre et suffisamment d'eau pour obtenir une soupe consistante mais facile à verser. Ajouter du vinaigre si nécessaire ; saler et poivrer au goût. Si on utilise le mélangeur, on peut ajouter tous les ingrédients et 125 ml (½ tasse) d'eau en même temps. Ajouter de l'eau si la soupe est trop épaisse. Le gaspacho peut être préparé jusqu'à 8 h d'avance. Couvrir et laisser refroidir dans le réfrigérateur jusqu'au moment de servir. Rectifier l'assaisonnement en vinaigre, en sel et en poivre si nécessaire.
5. Verser le gaspacho dans des bols ou des verres refroidis. Arroser avec l'huile d'olive restante et garnir de ciboulette.

TRUC

- **Pour obtenir un gaspacho onctueux, faites-le avec le mélangeur. Si vous préférez une soupe qui contient quelques morceaux de légumes, utilisez alors le robot de cuisine.**

Provoleta grillée

4 À 6 PORTIONS

Quand les Argentins parlent de *grilled cheese,* ils n'ont rien à envier à personne. Oubliez les sandwiches que l'on fait brunir dans le beurre dans une poêle en fonte. Ils ont mieux à nous offrir : des tranches épaisses de provoleta, un fromage de lait de vache à pâte dure semblable au provolone que l'on fait saisir dans le gril jusqu'à ce qu'il soit partiellement fondu et légèrement doré. On peut s'en délecter dans n'importe quel grill-room argentin. La clé de cette recette consiste à acheter du fromage ferme ayant subi une longue maturation. Il conservera mieux sa forme en cours de cuisson. Si vous ne trouvez pas de provoleta, prenez du provolone dur et âgé ou, mieux encore, du provolone truffé de grains de poivre.

2 tranches épaisses de provoleta ou de provolone de 1,25 cm (½ po) d'épaisseur et de 240 g (8 oz) chacune

1 c. à soupe d'huile d'olive extravierge

2 c. à café (2 c. à thé) de grains de poivre concassés

2 c. à café (2 c. à thé) d'origan séché

Pain croûté ou Bruschetta traditionnelle (p. 39)

SAUCE : Vous pouvez servir cette recette avec la Marmelade d'échalotes (voir p. 194), la Salsa aux tomates et aux poivrons (voir p. 199) ou la Sauce aux tomates grillées (voir p. 204).

1. Préparer le gril pour cuisson à chaleur directe (voir p. 10 pour cuisson au charbon de bois et p. 15 pour cuisson au gaz) et préchauffer à température élevée.
2. Badigeonner chaque tranche de fromage sur les deux faces avec 1 ½ c. à café (1 ½ c. à thé) d'huile d'olive. Couvrir avec le poivre et l'origan de chaque côté.
3. Quand le gril est prêt, brosser et huiler la grille. Déposer les tranches de fromage sur la grille chaude. Compter de 2 à 4 min de cuisson de chaque côté. Retirer le fromage avant qu'il fonde sur le gril.
4. Servir avec du pain dans un plat ovale ou des assiettes individuelles.

COMMENT GRILLER *des aubergines entières*

CUISSON À CHALEUR DIRECTE ★ TEMPS DE CUISSON : 20 À 30 MIN

Les aubergines grillées sont populaires dans des pays aussi différents que le Japon, l'Iran, l'Inde ou les îles de Trinité-et-Tobago. La plupart du temps on fait noircir la pelure, et la chair délicieuse est utilisée pour la confection de purées extraordinaires comme le baba kanouy au Moyen-Orient ou le choka aux Antilles. Ailleurs, en Turquie ou en Israël par exemple, on coupe l'aubergine en dés que l'on fait griller avec d'autres légumes pour composer des salades aromatiques. La cuisson d'une aubergine entière sur le gril est l'une des premières leçons que je donne à mes étudiants. Pourquoi ? C'est que l'aubergine est l'un des rares aliments que l'on peut faire brûler sans lui faire perdre sa belle apparence. Vous pouvez non seulement faire brûler la pelure, mais vous devez le faire si vous souhaitez obtenir un bon goût fumé.

PRÉPARATION DU GRIL

1 Pour préparer un barbecue au charbon de bois pour une cuisson à chaleur directe, allumer d'abord les charbons dans une cheminée d'allumage (voir p. 9).

2 Avec une houe de jardinage ou tout autre instrument à long manche, tisonner la braise de manière à la répartir uniformément.

3 Pour vérifier si le barbecue a atteint une température élevée, faire le test décrit à la p. 10.

PRÉPARATION DES AUBERGINES

1 Faire des incisions de 12 mm (½ po) de largeur et de profondeur sur toute la surface de l'aubergine avec un petit couteau bien affûté. Notez la façon dont l'ail a été coupé en petits quartiers sur la longueur. Faire autant d'incisions qu'il y a de morceaux d'ail.

2 Insérer les morceaux d'ail dans les incisions.

SUR LE GRIL : Griller les aubergines de 20 à 30 min, jusqu'à ce que la pelure soit noircie.

AVANT DE FAIRE LA TREMPETTE : Enlever la pelure noircie en exposant la chair imprégnée de l'odeur de fumée et d'ail.

Purée d'aubergine grillée

DONNE ENVIRON 500 ML (2 TASSES) ★ 6 À 8 PORTIONS

- 2 aubergines cylindriques de 480 g (1 lb) chacune environ
- 6 gousses d'ail (couper chacune en 3 ou 4 quartiers sur la longueur)
- 3 c. à soupe de tahini
- 3 c. à soupe d'huile d'olive extravierge
- 2 c. à soupe de jus de citron ou plus au goût
- Quartiers de citron
- ½ c. à café (½ c. à thé) de gros sel, ou plus au goût
- ½ c. à café (½ c. à thé) de poivre noir
- 3 c. à soupe de persil plat frais, émincé
- Feuilles de laitue
- Paprika fort
- Pain pita grillé

VARIANTES : Pour faire une salade d'aubergine grillée, grillez et pelez les aubergines tel que décrit dans cette page, mais hachez-les au lieu de les réduire en purée. Ajoutez-leur des tomates grillées, des oignons, des poivrons verts ou des piments longs hachés. Assaisonnez la salade avec du jus de citron, de l'huile d'olive, de l'ail, du persil plat haché, du sel et du poivre.

1. Préparer le gril pour cuisson à chaleur directe (voir p. 10 pour cuisson au charbon de bois et p. 15 pour cuisson au gaz) et préchauffer à température élevée.
2. Faire des incisions dans les aubergines et y insérer des morceaux d'ail (étapes 1 et 2 de la p. 34). Mettre les aubergines sur la grille chaude et griller de 20 à 30 min, jusqu'à ce que la pelure soit noircie sur toutes les faces et que la chair soit très tendre. Retourner les aubergines avec une pince en cours de cuisson. Laisser refroidir les aubergines sur une assiette.
3. Enlever la pelure calcinée. S'il en reste un peu, ne pas s'inquiéter. Réduire les aubergines et les morceaux d'ail en purée grossière à l'aide du robot de cuisine. Ajouter le tahini, 2 c. à soupe d'huile, le jus de citron, le sel et le poivre. Goûter et ajouter du sel ou du jus de citron au goût. La trempette ne doit pas être fade. Ajouter le persil et actionner le moteur rapidement, juste assez pour mélanger. Verser la trempette dans un petit bol tapissé avec des feuilles de laitue. Arroser avec l'huile restante et assaisonner de paprika. Servir avec des quartiers de citron et du pain pita grillé.

TRUCS

- **Les meilleures aubergines à griller doivent être cylindriques plutôt que rondes et bulbeuses. Les aubergines cylindriques cuisent de façon plus uniforme.**
- **Les aubergines femelles sont souvent plus tendres que les mâles. On les reconnaît à leur fossette sur la partie inférieure.**
- **Il n'est pas indispensable de parsemer les aubergines avec de l'ail. Des millions de chefs du Moyen-Orient et d'ailleurs font griller les aubergines telles quelles et se contentent d'ajouter de l'ail cru à la trempette ou à la salade. Pour obtenir une saveur d'ail grillé, cette opération est évidemment nécessaire, mais si vous préférez un goût d'ail fraîchement coupé, ne vous donnez pas cette peine.**
- **Le tahini est une purée de sésame du Moyen-Orient. On en trouve en conserve ou en pot dans la plupart des épiceries.**
- **Ajoutez le persil à la toute fin dans le robot de cuisine et actionnez le moteur par petits coups rapides. Il ne faut pas que la lame le hache trop finement, ce qui donnerait une purée verdâtre.**

Pains et sandwiches

Depuis des siècles, on utilise le gril comme grille-pain. Il suffit de penser à la bruschetta, un morceau de pain frotté d'ail que l'on fait griller dans l'âtre avant de l'arroser d'huile d'olive. Le gril est tout indiqué pour préparer des sandwiches en tous genres. J'ai puisé à l'inspiration de trois grandes traditions culinaires : la France avec son croque-monsieur, l'Italie avec son panini et Cuba avec ses sandwiches pressés. Voici un cours complet sur les pains et les sandwiches.

Bruschetta traditionnelle

8 PORTIONS

Certains aliments imprègnent notre mémoire de manière indélébile. Je ne pourrai jamais oublier ma première bruschetta. C'était à San Gimignano, en Toscane. L'endroit était plutôt banal, mais j'ai vite remarqué la cheminée qui trônait au centre de la salle à manger. Un homme aux cheveux blancs surveillait patiemment un petit gril toscan au-dessus de la braise. Pour faire la bruschetta, il coupait avec ses mains des tranches de pain toscan non salé qu'il faisait noircir (le mot bruschetta vient de l'italien *bruscare*, qui signifie «brûler»). Il frottait ensuite chacune des tranches avec de l'ail cru, les saupoudrait de gros sel de mer et de poivre concassé et les arrosait enfin d'huile toscane non filtrée. Certains croient malheureusement que la bruschetta authentique est faite avec des dés de tomate. Voici la vraie recette.

8 tranches de pain toscan de 1,25 cm (½ po) d'épaisseur

4 gousses d'ail

Gros sel de mer ou sel casher et poivre noir frais moulu

Huile d'olive extravierge dans un huilier ou une petite bouteille

1. Préparer le gril pour cuisson à chaleur directe (voir p. 10 pour cuisson au charbon de bois et p. 15 pour cuisson au gaz) et préchauffer à température moyenne-élevée.
2. Quand le gril est prêt, brosser et huiler la grille. Déposer le pain sur la grille chaude. Compter de 1 à 3 min de cuisson de chaque côté. Bien surveiller puisque le pain peut brûler rapidement.
3. Frotter un côté de chaque tranche de pain avec la face coupée d'une gousse d'ail. Saler et poivrer généreusement, puis arroser d'huile d'olive. Servir immédiatement.

VARIANTES : Dans le sud-est de l'Espagne, les Catalans préparent une bruschetta semblable, mais en plus de frotter le pain grillé avec de l'ail, ils le frottent aussi avec la face coupée d'une succulente tomate rouge bien mûre avant d'ajouter le sel, le poivre et l'huile.

TRUCS

- **Pour ajouter une touche barbecue typiquement américaine, frottez le pain grillé avec de l'ail fumé (voir p. 174) en utilisant une ou deux gousses par tranche.**
- **Il n'est pas toujours facile de trouver du pain toscan non salé. Il est insipide en soi, mais il devient savoureux une fois grillé, aillé et salé. Faites une recherche auprès des boulangeries italiennes de votre quartier ou de votre région. Si vous n'en trouvez pas, prenez du pain de campagne à mie dense et mettez un peu moins de sel.**

Croque au gouda et au hachis de champignons

2 PORTIONS (CETTE RECETTE PEUT ÊTRE MULTIPLIÉE AU GOÛT)

La duxelles est un hachis de champignons rempli de saveur. L'alliance entre le fromage et les champignons fait toujours des heureux.

HACHIS DE CHAMPIGNONS

360 g (12 oz) de champignons frais (enlever le pied), essuyés avec du papier absorbant humide

1 c. à café (1 c. à thé) de jus de citron frais pressé

1 c. à soupe de beurre salé ou d'huile d'olive extravierge

2 ou 3 grosses échalotes, émincées

1 gousse d'ail, émincée

1 ½ c. à soupe de cognac

2 c. à soupe de persil plat frais, haché finement

Gros sel de mer ou sel casher et poivre noir frais moulu

CROQUES

4 tranches de pain blanc à sandwich à mie dense ou de pain de blé entier de 1,25 cm (½ po) d'épaisseur

2 c. à soupe de beurre salé, fondu ou à température ambiante

60 g (2 oz) de gouda très affiné, en fines tranches (environ 6)

Huile de cuisson en vaporisateur

1. Préparer le hachis de champignons : Couper les gros champignons en quartiers et les plus petits en deux. Mettre les champignons et le jus de citron dans le robot de cuisine et hacher finement en faisant fonctionner l'appareil et en l'arrêtant à quelques reprises. Il est important de hacher les champignons sans les réduire en purée.
2. Faire fondre le beurre dans une poêle à frire à feu moyen. Ajouter les échalotes et l'ail et cuire environ 3 min, jusqu'à ce qu'ils commencent à brunir, en remuant avec une cuillère de bois. Ajouter le cognac et porter à ébullition ; il s'évaporera presque immédiatement en laissant un résidu savoureux. Ajouter les champignons et le persil et monter le feu. Cuire de 4 à 6 min en remuant avec une cuillère de bois jusqu'à ce que le liquide soit complètement évaporé et que la préparation soit épaisse et concentrée. Ajouter du sel et du poivre si nécessaire. Le hachis doit être bien assaisonné. Laisser reposer à température ambiante, couvrir et conserver dans le réfrigérateur jusqu'au moment de l'utiliser. On peut préparer cette recette la veille jusqu'à cette étape.
3. Préparer le gril pour cuisson à chaleur directe (voir p. 10 pour cuisson au charbon de bois et p. 15 pour cuisson au gaz) et préchauffer à température moyenne.
4. Préparer les croques : À l'aide d'un couteau ou d'un pinceau à pâtisserie, beurrer les tranches de pain sur les deux faces. Mettre deux tranches de pain sur une planche à découper, face la moins beurrée tournée vers le haut. Couvrir avec le fromage. (Enlever le surplus qui dépasse des tranches de pain et le mettre au centre des sandwiches.) Couvrir uniformément de hachis. Mettre les tranches de pain restantes sur le dessus, face beurrée vers le haut.
5. Quand le gril est prêt, brosser et huiler la grille. Déposer les sandwiches sur la grille chaude. Griller environ 5 min, jusqu'à ce que le pain soit doré et croustillant et le fromage fondu. Retourner à mi-cuisson. Servir immédiatement.

SAUCE : Vous pouvez servir cette recette avec la Marmelade d'échalote (voir p. 194) ou la Sauce aux tomates grillées (voir p. 204).

Croque aux tomates et au fromage de chèvre

2 PORTIONS (CETTE RECETTE PEUT ÊTRE MULTIPLIÉE AU GOÛT)

Vous pouvez opter pour des tomates séchées ou des tomates fraîches. Mais pourquoi pas un mélange des deux? Prudence: les tomates fraîches absorbent beaucoup de chaleur pendant la cuisson. Laissez refroidir légèrement les sandwiches avant d'en prendre une bouchée.

8 demi-tomates séchées ou 1 tomate rouge parfaitement mûre

1 ½ c. à soupe d'huile d'olive extravierge + 1 c. à soupe si l'on utilise des tomates séchées à l'air

75 g (½ tasse) de fromage de chèvre mou à température ambiante

Poivre noir frais moulu

4 tranches de pain baguette de 1,25 cm (½ po) d'épaisseur coupées en biais

6 feuilles de basilic frais, en juliennes

Huile de cuisson en vaporisateur

SAUCE: Vous pouvez servir cette recette avec la Sauce aux tomates grillées (voir p. 204).

1. Si l'on utilise des tomates séchées conservées dans l'huile, bien les égoutter. Si l'on utilise des tomates séchées à l'air, les mettre dans un bol résistant à la chaleur, couvrir d'eau bouillante et laisser tremper 20 min. Bien égoutter et mélanger avec 1 c. à soupe d'huile d'olive. Hacher grossièrement les tomates séchées. Si l'on utilise une tomate fraîche, la couper en fines tranches.
2. Mettre le fromage dans un bol et le réduire en purée onctueuse à l'aide d'une cuillère de bois. Poivrer au goût. Si l'on utilise des tomates séchées, les mélanger avec le fromage.
3. Préparer le gril pour cuisson à chaleur directe (voir p. 10 pour cuisson au charbon de bois et p. 15 pour cuisson au gaz) et préchauffer à température moyenne.
4. Badigeonner un côté des tranches de pain avec l'huile. Mettre deux tranches de pain sur une planche à découper, face huilée vers le bas. Couvrir uniformément de fromage. Si l'on utilise une tomate fraîche, mettre les tranches sur le fromage. Mettre la moitié du basilic sur chaque tranche. Couvrir avec les deux tranches restantes, face huilée vers le haut.
5. Quand le gril est prêt, brosser et huiler la grille. Déposer les sandwiches sur la grille chaude. Griller environ 5 min, jusqu'à ce que le pain soit doré et croustillant et que le fromage soit fondu. Retourner à mi-cuisson pour bien griller les deux faces. Servir immédiatement.

TRUC

- **Les premières tomates séchées expédiées en Amérique étaient conservées dans l'huile, ce qui les rendait à la fois très coûteuses et remplies de saveur. Aujourd'hui, la plupart des tomates séchées sont traitées en usine et séchées à l'air. Si vous souhaitez leur donner plus de goût, trempez-les dans l'eau bouillante, puis mélangez-les avec de l'huile et de l'ail. Si vous trouvez des tomates séchées conservées dans l'huile, disponibles dans les épiceries italiennes et les marchés spécialisés, vous n'aurez pas besoin de vous donner tant de mal.**

COMMENT GRILLER *du pain à l'ail*

CUISSON À CHALEUR DIRECTE ★ TEMPS DE CUISSON : 2 À 6 MIN

Le gril a été le premier grille-pain de l'histoire de l'humanité… et encore aujourd'hui il donne le meilleur pain grillé qui soit. Si vous avez des doutes, allez en Italie et régalez-vous de bruschetta. Il s'agit de petites tranches de pain que l'on frotte avec une gousse d'ail crue et que l'on arrose d'huile d'olive avant de les griller sur la braise. Le pain à l'ail grillé que je vous propose ici vaut l'effort. Connaissez-vous quelqu'un qui n'aime pas le pain à l'ail ?

TRUCS

- Le pain et le beurre fondu brûlent facilement. Soyez très attentif et ne quittez pas le gril des yeux. Le feu à trois zones vous permettra de déplacer le pain sur une surface de sûreté s'il commence à brûler (voir ci-dessous pour cuisson à chaleur directe au charbon de bois et p. 15 pour cuisson au gaz).
- Pour obtenir de meilleurs résultats, utilisez du parmesan frais râpé, de préférence le parmigiano reggiano.

PRÉPARATION DU GRIL

1 Pour préparer un barbecue au charbon de bois pour une cuisson à chaleur directe, allumer d'abord les charbons dans une cheminée d'allumage (voir p. 9).

2 Avec une houe de jardinage ou tout autre instrument à long manche, tisonner la braise de manière à créer un feu à trois zones (voir p. 10).

3 Un feu à trois zones permet de créer une zone de sûreté où l'on ne met pas de charbons.

PRÉPARATION DU PAIN

1 Couper le pain en tranches diagonales de 12 mm (½ po) d'épaisseur avec un couteau à pain dentelé bien affûté.

2 Défaire le beurre en crème en le fouettant jusqu'à ce qu'il soit léger et duveteux. Ajouter l'ail, le persil, le poivre et le parmesan.

3 À l'aide d'une spatule ou d'un pinceau à pâtisserie, étendre généreusement du beurre d'ail sur les deux faces de chaque tranche de pain.

4 Griller le pain de 1 à 3 min de chaque côté, jusqu'à ce qu'il soit doré sur les deux faces. Bien surveiller puisque le pain peut brûler rapidement.

Pain grillé à l'ail, au fromage et au persil

16 TRANCHES ★ 8 PORTIONS

1 pain français de 50 x 60 cm (20 x 24 po)

12 c. à soupe (1 ½ bâtonnet) de beurre salé, à la température ambiante

3 gousses d'ail, émincées

10 g (¼ tasse) de persil frais, finement haché

½ c. à café (½ c. à thé) de poivre noir

20 g (¼ tasse) de parmigiano reggiano frais, râpé

1. Préparer le gril pour méthode de cuisson directe sur feu de trois zones (voir p. 10 pour cuisson au charbon de bois et p. 15 pour cuisson au gaz) et préchauffer la zone chaude à température moyenne-élevée.
2. Couper le pain diagonalement en tranches de 1,25 cm (½ po) d'épaisseur tel que montré à l'étape 1 de la page 45. On peut aussi le couper en travers en 6 morceaux, puis le couper en 4 sur la longueur. Mettre les tranches de pain sur un plateau ou une plaque pour les transporter plus facilement jusqu'au gril.
3. Mettre le beurre dans un bol moyen et le réduire en crème à l'aide d'un fouet ou d'une cuillère de bois. Ajouter l'ail, le persil, le poivre et le parmesan. Battre jusqu'à ce que le beurre soit léger et duveteux. On peut aussi utiliser le batteur électrique ou le mélangeur si l'on préfère. À l'aide d'une spatule ou d'un pinceau à pâtisserie, étendre le beurre d'ail sur les deux faces de chaque tranche de pain.
4. Poser les tranches de pain beurrées sur la grille chaude et griller de 1 à 3 min de chaque côté, jusqu'à ce qu'elles soient dorées. Bien surveiller puisque le pain peut brûler rapidement. Si le pain commence à brûler, le déplacer sur la partie de la zone de sûreté du gril à l'aide d'une pince. Servir immédiatement.

VARIANTES : Les possibilités sont nombreuses. Remplacez le persil par de la coriandre ou du basilic, le beurre par de l'huile d'olive, de noix ou de noisette et le parmesan par du gorgonzola ou du roquefort. Et pourquoi ne pas ajouter au beurre du bacon, de la pancetta ou du prosciutto cuit et émietté ?

Pain à l'ail

12 PORTIONS

De bonnes tranches de pain imprégnées d'huile d'olive, d'ail et de parmesan que l'on passe au gril! Un pur bonheur en soi. Découpez de longues tranches afin d'exposer la plus grande surface de pain possible au gril.

1 pain baguette de 46 à 50 cm (18 à 20 po) de long (voir Note)

2 ou 3 gousses d'ail, hachées grossièrement

80 ml (1/3 tasse) d'huile d'olive extravierge

2 c. à soupe de persil plat frais, haché (facultatif)

60 g (1/2 tasse) de parmigiano reggiano frais râpé

SAUCE : Vous pouvez servir cette recette avec le Beurre d'ail rôti (voir p. 178) ou la Salsa aux tomates fumées (voir p. 200).

1. Préparer le gril pour cuisson à chaleur directe sur feu de trois zones (voir p. 10 pour cuisson au charbon de bois et p. 15 pour cuisson au gaz) et préchauffer à température moyenne-élevée.
2. À l'aide d'un long couteau bien affûté, couper le pain en biais en trois morceaux un peu plus petits que la surface de cuisson du gril. Coucher chaque morceau sur le côté et le couper sur la longueur en 4 tranches minces.
3. À l'aide d'un presse-ail, presser l'ail dans un petit bol. (On peut aussi le réduire en purée avec le dos d'une cuillère de bois.) Ajouter l'huile et le persil et bien mélanger. Badigeonner les morceaux de pain sur les deux faces.
4. Quand le gril est prêt, brosser et huiler la grille. Déposer le pain sur la grille chaude. Compter de 1 à 3 min de cuisson de chaque côté. Bien surveiller puisque le pain peut brûler rapidement. Si le pain commence à brûler, le déplacer sur la partie de la zone de sûreté du gril à l'aide d'une pince.
5. Couvrir le pain chaud de parmesan et servir immédiatement.

VARIANTES : On peut adapter cette recette de plusieurs façons. Remplacez l'huile d'olive par du beurre ou le parmesan par du manchego. L'ail frais peut être remplacé par de l'ail fumé (voir p. 174). Vous pouvez aussi ajouter des morceaux de sauge fraîche. Quelle que soit votre fantaisie, servez le pain grillé dès qu'il est prêt.

NOTE : On peut utiliser n'importe quel pain baguette croustillant pour cette recette.

Pain lavash à l'ail

4 PORTIONS

Le lavash est un pain plat que l'on trouve partout en Arménie, en Iran, en Afghanistan et dans le Caucase. Parce qu'il est mince comme du papier, on peut le faire griller en moins d'une minute. Sa douce saveur (un croisement entre le pita et le matzo) permet de le servir avec une multitude de garnitures : fines herbes, fromage, poivrons grillés, etc. On peut aussi l'ouvrir, le griller et le garnir comme une pizza ou une quesadilla. Servez le pain lavash entier ou découpez-le en pointes croustillantes que vous tremperez dans une salsa ou une sauce.

2 morceaux de pain lavash (voir Note)

1 ½ c. à soupe d'huile d'olive extravierge

Gros sel de mer ou sel casher

Poivre noir concassé ou cayenne en flocons

2 gousses d'ail, hachées finement

SAUCE : Vous pouvez servir cette recette avec la Sauce aux tomates grillées (voir p. 204).

1. Préparer le gril pour cuisson à chaleur directe sur feu de trois zones (voir p. 10 pour cuisson au charbon de bois et p. 15 pour cuisson au gaz) et préchauffer à température moyenne-élevée.
2. Badigeonner légèrement chaque morceau de pain avec l'huile sur les deux faces. Saler, poivrer et ajouter l'ail.
3. Quand le gril est prêt, brosser et huiler la grille. Déposer le lavash sur la grille chaude. Compter de 30 secondes à 1 min de cuisson de chaque côté. Bien surveiller puisque le pain peut brûler rapidement. Si le pain commence à brûler, le déplacer sur la partie de la zone de sûreté du gril à l'aide d'une pince.
4. Mettre le pain sur une grille et laisser refroidir avant de le briser en gros morceaux. Servir chaud ou à température ambiante. Les restes se conservent deux jours dans un contenant hermétique ou un sac de plastique.

NOTE : Vous trouverez le pain lavash dans les épiceries du Moyen-Orient. Il doit être bien frais et souple. N'achetez pas de pain sec. Celui que j'utilise mesure environ 25 cm (10 po).

Pain lavash au parmesan et au romarin

4 PORTIONS

Voici à quoi ressemblerait le lavash grillé s'il était préparé par un Italien du nord. Le parmesan serait évidemment mis en évidence. Achetez du romarin séché si le romarin frais se fait rare dans votre région.

2 morceaux de pain lavash (voir Note, page précédente)

2 c. à soupe de beurre, fondu

2 c. à soupe de romarin frais, haché finement

30 g (¼ tasse) de parmesan, râpé finement

1. Préparer le gril pour cuisson à chaleur directe sur feu de trois zones (voir p. 10 pour cuisson au charbon de bois et p. 15 pour cuisson au gaz) et préchauffer à température moyenne-élevée.
2. Beurrer légèrement le pain sur les deux faces. Couvrir de romarin et de parmesan.
3. Quand le gril est prêt, brosser et huiler la grille. Déposer le lavash sur la grille chaude. Compter de 30 secondes à 1 min de cuisson de chaque côté. Bien surveiller puisque le pain peut brûler rapidement. Si le pain commence à brûler, le déplacer sur la partie de la zone de sûreté du gril à l'aide d'une pince.
4. Mettre le pain sur une grille et laisser refroidir avant de le briser en gros morceaux. Servir chaud ou à température ambiante. Les restes se conservent deux jours dans un contenant hermétique ou un sac de plastique.

Pain lavash aux oignons verts et au sésame

4 PORTIONS

Le pain aux oignons verts et au sésame est un classique des dim sum chinois. Cette version est moins grasse et plus facile à faire.

2 morceaux de pain lavash (voir Note p. 48)

2 c. à soupe d'huile de sésame orientale (foncée)

1 oignon vert (le blanc et le vert), émincé

1 c. à soupe de graines de sésame blanches

1 c. à soupe de graines de sésame noires (ou blanches si l'on n'en trouve pas)

1. Préparer le gril pour cuisson à chaleur directe sur feu de trois zones (voir p. 10 pour cuisson au charbon de bois et p. 15 pour cuisson au gaz) et préchauffer à température moyenne-élevée.
2. Badigeonner légèrement le pain d'huile de sésame sur les deux faces. Couvrir avec les oignons verts et les graines de sésame.
3. Quand le gril est prêt, brosser et huiler la grille. Déposer le lavash sur la grille chaude. Compter de 30 secondes à 1 min de cuisson de chaque côté. Bien surveiller puisque le pain peut brûler rapidement. Si le pain commence à brûler, le déplacer sur la partie de la zone de sûreté du gril à l'aide d'une pince.
4. Mettre le pain sur une grille et laisser refroidir avant de le briser en gros morceaux. Servir chaud ou à température ambiante. Les restes se conservent deux jours dans un contenant hermétique ou un sac de plastique.

Paninis à la mozzarella et à la purée d'olives

2 PORTIONS (CETTE RECETTE PEUT ÊTRE MULTIPLIÉE AU GOÛT)

La mozzarella fraîche permet de faire de délicieux paninis où le noir et le blanc étonnent par leur merveilleux contraste.

PURÉE D'OLIVES

160 g (1 tasse) d'olives noires, dénoyautées

2 c. à café (2 c. à thé) de câpres, égouttées (facultatif)

1 gousse d'ail, hachée grossièrement (facultatif)

1 filet d'anchois (facultatif), épongé et haché grossièrement

½ c. à café (½ c. à thé) de cayenne en flocons (facultatif)

1 c. à soupe d'huile d'olive, ou plus au goût

Poivre noir frais moulu ou concassé

PANINIS

4 tranches de pain blanc à sandwich à mie dense

1 ½ c. à soupe de beurre salé, fondu ou à température ambiante

120 g (4 oz) de mozzarella fraîche, égouttée et coupée en tranches de 6 mm (¼ po) d'épaisseur

Huile de cuisson en vaporisateur

1. Préparer le gril pour cuisson à chaleur directe (voir p. 10 pour cuisson au charbon de bois et p. 15 pour cuisson au gaz) et préchauffer à température moyenne.
2. Préparer la purée : Hacher finement les olives, les câpres, l'ail, les anchois et le piment dans le robot de cuisine. Ajouter suffisamment d'huile pour obtenir une purée grossière. Poivrer au goût.
3. Préparer les paninis : À l'aide d'un couteau ou d'un pinceau à pâtisserie, beurrer les tranches de pain d'un seul côté. Mettre deux tranches de pain sur une planche à découper, face beurrée vers le bas. Couvrir avec la moitié de la purée et le fromage. (Enlever le surplus de fromage et le mettre au centre des sandwiches.) Étendre la purée restante sur la face non beurrée du pain restant. Mettre les tranches de pain sur les paninis, face beurrée vers le haut.
4. Quand le gril est prêt, brosser et huiler la grille. Y déposer les sandwiches et mettre un presse-sandwich sur le panini environ 5 min, jusqu'à ce que le pain soit doré et le fromage fondu. Retourner à mi-cuisson. Couper les paninis en travers et servir.

VARIANTE : Pour faire des paninis riches en couleur, remplacer la purée d'olives par de la purée de tomates séchées (étape 1). Faire tremper 90 g (3 oz) de tomates séchées (voir étape 1, p. 43) et bien égoutter. Hacher grossièrement les tomates et les mettre dans le robot de cuisine. Ajouter 3 feuilles de basilic frais hachées grossièrement, 1 gousse d'ail hachée grossièrement, 2 c. à café (2 c. à thé) de câpres égouttées et ½ c. à café (½ c. à thé) de poivre noir frais moulu. Hacher finement. Ajouter 1 à 2 c. à soupe d'huile d'olive, suffisamment pour obtenir une purée grossière. On obtiendra environ 150 g (1 tasse) de purée. Couvrir et conserver quelques jours dans le réfrigérateur jusqu'au moment de l'utiliser.

TRUCS

- **La purée achetée dans le commerce fera aussi d'excellents paninis.**
- **Une petite gâterie ? Achetez de la mozzarella fraîche faite avec du lait de bufflonne. Rare mais sublime !**

Paninis à la mode de Capri nouvelle vague

2 PORTIONS (CETTE RECETTE PEUT ÊTRE MULTIPLIÉE AU GOÛT)

La salade caprese est faite avec de la mozzarella fraîche, des tomates et du basilic. Ce mot signifie « à la manière de Capri » en italien. Depuis quelques années, cette salade est aussi populaire que la salade César dans plusieurs restaurants nord-américains. On connaît aussi les paninis caprese, faits avec les mêmes ingrédients et généralement servis non grillés. J'aime le goût intense des tomates séchées dans la recette que je vous présente, mais vous pouvez aussi choisir des tomates fraîches. Le fromage de chèvre peut très bien remplacer la mozzarella.

TOMATES SÉCHÉES

8 demi-tomates séchées
500 ml (2 tasses) d'eau bouillante

2 c. à soupe d'huile d'olive extravierge

1 gousse d'ail, épluchée et légèrement aplatie avec un couperet

Poivre noir frais moulu

PANINIS

120 g (4 oz) de mozzarella fraîche, égouttée et coupée en tranches de 6 mm (¼ po) d'épaisseur

2 petits pains italiens, ouverts en deux

8 à 12 grandes feuilles de basilic frais, rincées et séchées en les secouant

1 ½ c. à soupe de beurre salé, fondu ou à température ambiante

Huile de cuisson en vaporisateur

1. Préparer les tomates séchées : Mettre les tomates dans un bol résistant à la chaleur, verser l'eau bouillante et laisser tremper 20 min. Égoutter dans un chinois et presser pour faire sortir l'eau. Couper les tomates en fines juliennes sur une planche à découper. Mettre les tomates dans un bol et remuer avec l'huile d'olive et l'ail. Poivrer au goût. Laisser mariner 30 min. Jeter la gousse d'ail. Les tomates peuvent être préparées la veille et conservées à température ambiante.
2. Préparer le gril pour cuisson à chaleur directe (voir p. 10 pour cuisson au charbon de bois et p. 15 pour cuisson au gaz) et préchauffer à température moyenne.
3. Préparer les paninis : Mettre la moitié du fromage sur la moitié inférieure de chaque pain. Enlever le surplus qui dépasse et le mettre au centre des pains. Couvrir avec les tomates marinées et le basilic. Couvrir avec le pain restant. À l'aide d'un couteau ou d'un pinceau à pâtisserie, badigeonner l'extérieur des paninis avec le beurre.
4. Quand le gril est prêt, brosser et huiler la grille. À l'aide d'une spatule, déposer les sandwiches sur la grille chaude et déposer un presse-sandwich sur le panini. Griller environ 5 min, jusqu'à ce que le pain soit doré et croustillant et que le fromage soit fondu. Retourner à mi-cuisson pour bien griller les deux faces. Couper les paninis en travers et servir immédiatement.

Paninis au fromage de chèvre, aux câpres et aux poivrons grillés

2 PORTIONS (CETTE RECETTE PEUT ÊTRE MULTIPLIÉE AU GOÛT)

Le fromage de chèvre et les poivrons grillés font bon ménage. La complémentarité indéniable de leurs différentes caractéristiques permet de faire des paninis hors du commun.

120 g (4 oz) de fromage de chèvre, coupé en biais en tranches de 6 mm (1/4 po)

2 petits pains italiens, ouverts en deux

2 poivrons rouges ou jaunes grillés (voir Variante p. 131), pelés, épépinés et coupés en lanières

1 c. à soupe de câpres, égouttées

2 à 3 c. à soupe d'huile d'olive extravierge

Gros sel de mer ou sel casher et poivre noir frais moulu

Huile de cuisson en vaporisateur

SAUCE : Vous pouvez servir cette recette avec la Marmelade d'échalotes (voir p. 194), la Relish aux concombres (voir p. 196) ou la Sauce aux tomates grillées (voir p. 204).

1. Préparer le gril pour cuisson à chaleur directe (voir p. 10 pour cuisson au charbon de bois et p. 15 pour cuisson au gaz) et préchauffer à température moyenne.
2. Mettre les tranches de fromage sur la partie inférieure des pains en prenant soin qu'elles ne dépassent pas. Couvrir de poivrons et de câpres. Arroser chaque pain avec 1 ½ c. à soupe d'huile. Saler et poivrer. Couvrir avec le pain restant. Badigeonner légèrement l'extérieur des petits pains avec de l'huile d'olive.
3. Quand le gril est prêt, brosser et huiler la grille. À l'aide d'une spatule, déposer les sandwiches sur la grille chaude et déposer un presse-sandwich sur le panini. Griller environ 5 min, jusqu'à ce que le pain soit doré et croustillant et que le fromage soit fondu. Retourner à mi-cuisson pour bien griller les deux faces. Couper les paninis en travers et servir immédiatement.

TRUC

- **Choisissez le fromage de chèvre que vous préférez : doux, relevé ou piquant. Le fromage doux se marie particulièrement bien avec les poivrons grillés.**

COMMENT GRILLER *une pizza*

La pizza grillée a été popularisée par George Germon et Johanne Killeen à leur restaurant Al Forno de Providence, Rhode Island. Ils avaient tous deux la même idée en tête : faire cuire une pâte à pizza directement sur la grille de leur barbecue au charbon de bois. Leur méthode permet d'obtenir une croûte dorée, couverte de petites bulles et imprégnée des bonnes odeurs du gril. Leur idée bizarre a donné un résultat irrésistible. La croûte est tellement bonne que l'on peut se permettre de la garnir très simplement. Je vous propose ici une pizza colorée enrichie de tomates, de roquette, d'olives, d'oignons et de mozzarella. Je laisse volontairement une grande partie de la croûte dénudée puisqu'elle est exquise telle quelle.

PRÉPARATION DU GRIL

1 Pour préparer un barbecue au charbon de bois pour une cuisson à chaleur directe, allumer d'abord les charbons dans une cheminée d'allumage (voir p. 9).

2 Avec une houe de jardinage ou tout autre instrument à long manche, tisonner la braise de manière à créer un feu à trois zones (voir p. 10).

3 Un feu à trois zones permet de créer une zone de sûreté où l'on ne met pas de charbons.

PRÉPARATION DE LA PÂTE À PIZZA

1 Mettre les ingrédients secs dans le bol du robot de cuisine. Verser les ingrédients humides.

2 Actionner le moteur par petits mouvements rapides jusqu'à ce que la pâte se détache facilement des parois du bol.

3 Pétrir la pâte à la main pendant quelques minutes sur une surface de travail farinée pour lui donner une petite touche plus personnelle.

4 Rouler la pâte en boule et la mettre dans un bol bien huilé. Huiler la pâte de tous les côtés.

5 Couvrir la pâte avec de la pellicule plastique et la laisser lever dans un endroit chaud.

6 On sait que la pâte est prête quand elle est douce et spongieuse au toucher et qu'elle a doublé de volume. Si on la presse avec le doigt, la marque restera gravée.

7 Pour façonner la croûte, mettre la moitié de la pâte sur une plaque bien huilée (la recette donne 2 croûtes) et commencer à l'étendre.

8 Étirer doucement la pâte sur la plaque pour lui donner plus ou moins la forme d'un rectangle de 22,5 x 32,5 cm (9 x 13 po) ayant de 3 à 6 mm (1/8 à 1/4 po) d'épaisseur.

SUR LE GRIL : Soulever délicatement une extrémité de la pâte et la laisser tomber sur la partie chaude de la grille. Quand elle est assez ferme pour être déplacée, la faire glisser sur une surface moins chaude du gril.

Après 3 à 5 min de cuisson, quand le fond commence à brunir et à être couvert de bulles, retourner la pâte sur la grille.

FINITION DE LA PIZZA

1 Après environ 1 min, quand le deuxième côté commence à brunir, déplacer la croûte sur la surface la moins chaude du gril et la badigeonner avec de l'huile.

2 Garnir la croûte avec la moitié des ingrédients en commençant par la mozzarella, puis les tomates, les oignons, l'ail, les olives et les câpres. Le fond sera cuit et le fromage sera fondu après 2 à 4 min de cuisson.

3 Faire glisser la pizza sur une plaque et la garnir avec la moitié de la roquette.

Pizza grillée

CUISSON À CHALEUR DIRECTE ★ DONNE 2 PIZZAS DE 22,5 X 32,5 CM (9 X 13 PO)
4 PORTIONS EN HORS-D'ŒUVRE OU 2 PORTIONS EN PLAT PRINCIPAL
TEMPS DE CUISSON : 6 À 10 MIN POUR CHAQUE PIZZA ★ PRÉPARATION À L'AVANCE : 1 ¼ À 2 ¾ H POUR FAIRE LA PÂTE ET LA LAISSER LEVER

PÂTE

1 sachet de levure active sèche (2 ½ c. à café ou à thé)

1 c. à café (1 c. à thé) de sucre

300 ml (1 ¼ tasse) d'eau chaude

525 g (3 ½ tasses) de farine blanche non blanchie, ou plus au besoin

1 ½ c. à café (1 ½ c. à thé) de gros sel

Environ 60 ml (¼ tasse) d'huile d'olive extravierge

1. Mélanger la levure, le sucre et l'eau dans un petit bol et bien remuer. Après 5 à 10 min, le mélange doit être mousseux. Mettre la farine et le sel dans le bol du robot de cuisine muni de la lame de plastique pour la pâte ou de la lame métallique. Actionner le moteur pour mélanger. Ajouter l'eau contenant la levure et 2 c. à soupe d'huile. Actionner le moteur par petits coups pour obtenir une pâte légère et souple. Celle-ci doit être humide sans être collante. Au besoin, ajouter 1 c. à soupe de farine à la fois pour obtenir la consistance voulue. On peut aussi faire la pâte à l'aide du mélangeur électrique muni du crochet pétrisseur. Mettre la levure, le sucre et l'eau dans le bol. Quand le mélange est mousseux, ajouter 2 c. à soupe d'huile, le sel et la farine. Battre à faible vitesse pour obtenir une pâte légère et souple.
2. Renverser la pâte sur une surface de travail et pétrir à la main pendant quelques minutes. Huiler légèrement un grand bol avec l'huile restante. Mettre la pâte dans le bol et la retourner pour bien l'enrober d'huile. Couvrir le bol avec de la pellicule plastique et laisser lever de 1 à 1 ½ h dans un endroit chaud, jusqu'à ce qu'elle double de volume.
3. Faire dégonfler la pâte d'un coup de poing et la laisser lever à nouveau pendant 1 h, jusqu'à ce qu'elle double de volume. Cette deuxième levée n'est pas indispensable, mais la croûte sera plus légère si l'on prend le temps de la faire.
4. Pendant ce temps, préparer la garniture en rinçant la roquette et en l'épongeant avec du papier essuie-tout. Chauffer 2 c. à soupe d'huile sur feu moyen dans une poêle à frire à revêtement antiadhésif. Frire l'ail 2 min, jusqu'à ce qu'il soit doré. À l'aide d'une écumoire, déposer l'ail sur du papier essuie-tout et laisser égoutter. Ajouter les oignons dans la poêle. Caraméliser de 6 à 10 min sur feu moyen, puis ajouter le sel et le poivre au goût. Il peut être nécessaire de baisser le feu si les oignons noircissent trop rapidement. Transvider sur un plateau. Chauffer la poêle sur feu vif, puis ajouter l'huile restante (1 c. à soupe) au besoin. Mettre les tranches de tomate sur du papier essuie-tout, saler et poivrer. Frire rapidement les tomates de chaque côté. Mettre les tomates et l'ail sur le même plateau que les oignons.
5. Préparer le gril pour mode de cuisson à chaleur directe à trois zones (voir p. 10 pour cuisson au charbon de bois et p. 15 pour cuisson au gaz) et préchauffer la zone chaude à température élevée. Quand le gril est prêt, brosser et huiler la grille.

GARNITURE

1 botte de roquette

2 ou 3 c. à soupe d'huile d'olive extravierge

3 gousses d'ail, finement hachées

1 gros oignon, en fines tranches

Gros sel et poivre noir

2 tomates rouges moyennes mûres, coupées en travers en tranches de 6 mm (¼ po) d'épaisseur

180 g (6 oz) de mozzarella fraîche, en fines tranches

60 g (½ tasse) d'olives noires, dénoyautées (kalamata de préférence)

2 c. à soupe de câpres, égouttées

Huile d'olive extravierge pour la cuisson

6. Huiler généreusement 2 plaques à pâtisserie à bords verticaux. Mettre la moitié de la pâte sur une des plaques et l'étendre pour former un rectangle de 22,5 x 32,5 (9 x 13 po) de 3 à 6 mm (⅛ à ¼ po) d'épaisseur. Répéter la même opération avec la pâte restante et la couvrir avec de la pellicule plastique.
7. En commençant par le bord le plus étroit et le plus éloigné, à l'aide des deux mains, soulever délicatement le premier rectangle de pâte et le poser sur la grille chaude au-dessus de la zone de chaleur la plus chaude. En 1 min environ, le dessous de la pâte commencera à devenir foncé et croustillant tandis que le dessus gonflera légèrement. À l'aide d'une pince et d'une spatule, faire glisser la pâte sur une partie moins chaude du gril et laisser cuire de 3 à 5 min, jusqu'à ce que le dessous soit brun et ferme. Badigeonner le dessus qui n'est pas encore cuit avec de l'huile.
8. À l'aide d'une pince et d'une spatule, renverser la croûte sur la partie la plus chaude du gril. Griller environ 1 min, jusqu'à ce qu'elle commence à brunir et à devenir croustillante. Déplacer la croûte sur une surface moins chaude du gril et badigeonner le dessus avec de l'huile. Garnir la croûte avec la moitié des tranches de fromage, puis la moitié des tomates frites, des oignons caramélisés, de l'ail, des olives et des câpres. Fermer le couvercle du gril pour laisser fondre le fromage. Quand le dessous de la croûte est bruni et ferme, après 2 à 4 min de cuisson, faire glisser la pizza sur un plateau. Couvrir avec la moitié de la roquette, saler et poivrer. Couper en morceaux et servir. Tandis que les convives dégustent la première pizza, préparer la deuxième de la même manière. La pizza doit être servie aussitôt qu'elle est prête.

TRUCS

- **Plus la pâte sera humide, plus la pizza sera légère et croustillante. Il n'est toutefois pas facile de travailler avec une pâte très humide. Mais ne succombez surtout pas à la tentation d'ajouter trop de farine.**
- **Utilisez la partie chaude du gril pour raffermir la pâte et la chaleur moyenne pour la faire cuire et pour réchauffer la garniture. La partie froide sert de zone de sûreté.**
- **Pour de meilleurs résultats, achetez de la mozzarella fraîche moulée en boule et conservée dans l'eau que l'on trouve dans les épiceries italiennes et les boutiques spécialisées.**
- **Pour vous simplifier la tâche, faites d'abord revenir les oignons, l'ail et les tomates dans un poêlon. Vous pouvez aussi les cuire sur le gril, mais cela prendra plus de temps. (Voir instructions p. 102 pour les oignons et l'ail et p. 143 pour les tomates.)**

COMMENT GRILLER *des quesadillas*

En Amérique du Nord, les quesadillas sont connues depuis peu. Ces tortillas croustillantes regorgeant de fromage fondu ont connu un succès instantané. Au Mexique, les quesadillas sont cuites dans un comal (poêle plate). On peut aussi les cuire au four, mais je fais partie de ceux qui croient qu'elles sont encore meilleures sur le gril, même si les tortillas ont tendance à brûler facilement. Il suffit de les mettre à température basse et de procéder rapidement pour que le fromage fonde sans que la tortilla ne brûle. Gardez une surface froide sur le gril où vous pourrez déplacer les quesadillas si elles commencent à brûler (voir ci-dessous). Vous ne regretterez pas vos efforts.

PRÉPARATION DU GRIL

1 Pour préparer un barbecue au charbon de bois pour une cuisson à chaleur directe, allumer d'abord les charbons dans une cheminée d'allumage (voir p. 9).

2 Avec une houe de jardinage ou tout autre instrument à long manche, tisonner la braise de manière à créer un feu à trois zones.

3 Un feu à trois zones permet de créer une zone de sûreté où l'on ne met pas de charbons (voir p. 10).

ASSEMBLAGE DES QUESADILLAS

1 Sur la moitié de chaque tortilla, mettre le fromage, les tomates, les piments, les oignons verts et la coriandre.

2 Plier les tortillas pour couvrir les ingrédients.

SUR LE GRIL: Griller les quesadillas de 1 à 2 min de chaque côté, jusqu'à ce que les tortillas soient dorées et que le fromage soit fondu.

Quesadillas grillées

8 PORTIONS EN HORS-D'ŒUVRE ★ 4 PORTIONS EN PLAT PRINCIPAL LÉGER

8 tortillas de blé de 25 cm (10 po) chacun

180 g (6 oz) de cheddar ou de monterey jack, en fines tranches

3 ou 4 tomates prunes, en fines tranches

3 ou 4 piments jalapenos frais ou marinés rouges ou verts, en fines tranches

4 oignons verts, parés et coupés en tranches

20 g (½ tasse) de feuilles de coriandre fraîche

3 c. à soupe de beurre fondu

1. Mettre les tortillas sur une surface de travail. Étendre quelques tranches de fromage, de tomate et de piment sur une moitié de chaque tortilla. Couvrir d'oignons verts et de coriandre. Plier les tortillas en deux. Les quesadillas peuvent être préparées plusieurs heures à l'avance jusqu'à cette étape. Envelopper les quesadillas hermétiquement dans de la pellicule plastique et les garder dans le réfrigérateur jusqu'au moment de les griller.
2. Préparer le gril pour le mode de cuisson à chaleur directe à trois zones (voir p. 10 pour cuisson au charbon de bois et 15 pour cuisson au gaz) et préchauffer la partie chaude du gril à température moyenne-élevée.
3. Mettre les quesadillas sur la grille chaude et les griller de 1 à 2 min de chaque côté, jusqu'à ce qu'elles soient dorées et que le fromage commence à fondre. Badigeonner l'extérieur avec du beurre fondu pendant la cuisson. Se préparer à déplacer les quesadillas sur la partie la moins chaude de la grille si elles commencent à brûler. Servir immédiatement entières ou coupées en pointes.

SAUCE : Vous pouvez servir cette recette avec le Beurre au citron vert et au piment chipotle (voir p. 179), la Salsa au piment chipotle (voir p. 198) ou la Salsa verde (voir p. 201).

VARIANTES : On peut farcir les tortillas de mille et une façons : fromage de chèvre et tomates séchées, fromage gouda et poivrons grillés, poulet, canard, homard, crevettes ou porc en petits morceaux, etc. On peut aussi remplacer les tortillas de blé par des tortillas de maïs.

TRUC

- **Si vous souhaitez faire une recette typiquement traditionnelle, utilisez du fromage de chèvre émietté et des tomates coupées en dés. Ma méthode est plus rapide et donne des quesadillas très consistantes. Si vous préférez un mets plus doux, épépinez les piments jalapenos avant de les utiliser.**

Rarebit au cheddar

2 PORTIONS (CETTE RECETTE PEUT ÊTRE MULTIPLIÉE AU GOÛT)

Le rarebit est un plat d'origine anglaise dont on n'entend presque plus parler depuis quelques années. La recette traditionnelle est un genre de fondue au fromage et à la bière servie sur du pain grillé. Voilà de quoi consoler un chasseur déçu dont le lapin (*rabbit* en anglais) s'est échappé. Je vous propose une version vite faite de ce trésor anglais.

4 tranches de pain blanc à sandwich très minces

1 ½ c. à soupe de beurre non salé, fondu ou à température ambiante

1 c. à soupe de moutarde anglaise forte ou de moutarde de Dijon, ou plus au goût

Sauce Worcestershire

120 à 180 g (4 à 6 oz) de cheddar très affiné, en tranches très minces (environ 6)

Huile de cuisson en vaporisateur

1. Préparer le gril pour cuisson à chaleur directe (voir p. 10 pour cuisson au charbon de bois et p. 15 pour cuisson au gaz) et préchauffer à température moyenne.
2. À l'aide d'un couteau ou d'un pinceau à pâtisserie, beurrer les tranches de pain d'un seul côté. Mettre deux tranches de pain sur une planche à découper, face beurrée tournée vers le bas. Badigeonner le dessus de moutarde. Arroser avec quelques gouttes de sauce Worcestershire. Couvrir avec le cheddar. (Enlever le surplus de fromage qui ne doit pas dépasser des tranches de pain. Mettre le surplus au centre des sandwiches.) Mettre les tranches de pain restantes sur le dessus, face beurrée vers le haut.
3. Quand le gril est prêt, brosser et huiler la grille. À l'aide d'une spatule, déposer les sandwiches sur la grille chaude. Griller environ 5 min, jusqu'à ce que le pain soit doré et croustillant et que le fromage soit fondu. Retourner à mi-cuisson pour bien griller les deux faces. Servir immédiatement.

TRUCS

- **Ces sandwiches seront encore meilleurs si vous utilisez du vieux cheddar. Celui qui est vieilli en cave est remarquable.**
- **Même si cette recette est habituellement faite avec du pain blanc à mie dense, essayez-la aussi avec du pain de seigle, de grains de blé ou de blé entier.**
- **Pour un sandwich encore plus croustillant, déposez un presse-sandwich sur le pain pendant la cuisson.**

Sandwiches à la goyave et au queso blanco

2 PORTIONS (CETTE RECETTE PEUT ÊTRE MULTIPLIÉE AU GOÛT)

J'ai créé ce sandwich de toutes pièces, mais j'ai certainement été influencé par un goûter dégusté chaque matin par des milliers de personnes à Miami : une tranche de pâte de goyave parfumée et une grosse tranche de fromage à la crème ou de *queso blanco* salé que l'on cuit ensemble dans une pâte feuilletée ou que l'on frit à la manière d'un empanada. Le succès de cette recette réside dans le contraste créé entre la goyave musquée et sucrée et le fromage piquant

2 morceaux de pain cubain de 20 cm (8 po) de long ou de pain baguette mou, ouverts

1 ½ c. à soupe de beurre salé, fondu ou à température ambiante

120 g (½ tasse) de fromage à la crème à température ambiante ou de *queso blanco*, coupé en tranches de 6 mm (¼ po) d'épaisseur

120 g (4 oz) de pâte de goyave (voir Note), coupée en tranches de 6 mm (¼ po) d'épaisseur (environ 8)

Huile de cuisson en vaporisateur

SAUCE : Vous pouvez servir cette recette avec la Salsa à la mangue (voir p. 197).

1. Préparer le gril pour cuisson à chaleur directe (voir p. 10 pour cuisson au charbon de bois et p. 15 pour cuisson au gaz) et préchauffer à température moyenne.
2. À l'aide d'un couteau ou d'un pinceau à pâtisserie, beurrer l'extérieur des morceaux de pain. Mettre la moitié du fromage à la crème sur la moitié inférieure de chaque pain. (Si l'on utilise du *queso blanco*, enlever le surplus qui dépasse et le mettre au centre du sandwich.) Ajouter la pâte de goyave et couvrir la moitié supérieure des pains.
3. Quand le gril est prêt, brosser et huiler la grille. À l'aide d'une spatule, déposer les sandwiches sur la grille chaude et déposer un presse-sandwich sur le pain. Griller environ 5 min, jusqu'à ce que le pain soit doré et croustillant et que le fromage soit fondu. Retourner à mi-cuisson pour bien griller les deux faces. Couper les sandwiches en travers et servir immédiatement.

NOTE : La pâte de goyave est une gelée cramoisie si épaisse que l'on peut la trancher au couteau comme la gelée de canneberges.
La meilleure est vendue dans des boîtes de conserve rondes et plates. On trouve une pâte de goyave moins chère empaquetée dans une boîte de carton rectangulaire, mais elle a tendance à se défaire en cours de cuisson.

TRUC

- **Pour le fromage, deux choix s'offrent à vous : le fromage à la crème ou le *queso blanco*, un fromage blanc, ferme et salé vendu dans les marchés hispaniques et dans plusieurs supermarchés. Le contraste des saveurs entre la pâte de goyave et le fromage est plus net lorsqu'on utilise le *queso blanco*. L'effet est plus subtil avec le fromage à la crème.**

Tostadas (pain grillé à la mode cubaine)

2 PORTIONS (CETTE RECETTE PEUT ÊTRE MULTIPLIÉE AU GOÛT)

Comment la plupart des gens commencent-ils leur journée à Miami ? Avec un bon café au lait et des tostadas. Le café con leche cubain est un espresso corsé noir comme de la boue qu'on transforme en purée épaisse avec une bonne dose de sucre et qu'on allège ensuite avec du lait entier mousseux. Dans cette boisson divine, on trempe un gros morceau de pain cubain de 20 x 20 cm bien beurré qu'on a grillé comme une gaufre dans une *plancha,* un genre de gril pour sandwiches. Une guerre de saveurs et de textures est alors déclenchée automatiquement : le beurre salé, le pain croûté qui ramollit quand on le trempe dans le café… hum ! Cette tradition fait partie intrinsèque de la vie quotidienne dans le sud de la Floride. Et n'oubliez pas le café au lait !

2 morceaux de pain cubain ou de pain baguette de 20 cm (8 po) de long

2 à 3 c. à soupe de beurre salé à température ambiante

Huile de cuisson en vaporisateur

SAUCE : Vous pouvez servir cette recette avec le Chutney à la coriandre (voir p. 193) ou la Salsa aux tomates fumées (voir p. 200).

1. Préparer le gril pour cuisson à chaleur directe (voir p. 10 pour cuisson au charbon de bois et p. 15 pour cuisson au gaz) et préchauffer à température moyenne.
2. Couper chaque morceau de pain presque entièrement en deux et l'ouvrir comme un livre. Étendre presque tout le beurre sur la face coupée du pain et refermer. Beurrer l'extérieur de chaque morceau de pain avec le beurre restant.
3. Quand le gril est prêt, brosser et huiler la grille. À l'aide d'une spatule, déposer les sandwiches sur la grille chaude et déposer un presse-sandwich sur le pain. Griller environ 5 min, jusqu'à ce que le pain soit doré et croustillant et que le fromage soit fondu. Retourner à mi-cuisson pour bien griller les deux faces. Servir immédiatement.

Légumes et tofu

Que vous fassiez noircir des poivrons à la manière d'un maître grillardin argentin ou que vous ayez envie de préparer des patates douces frottées de piment chili ou des courges épicées à la mode orientale, la cuisson au gril vous apportera toute la satisfaction souhaitée. Apprenez à faire rôtir les oignons et les pommes de terre ou à faire cuire les artichauts et le fenouil à la perfection. Le Maïs grillé au beurre de soja et au sésame vous fera pénétrer dans l'univers de la cuisine japonaise. Vous en avez assez de la salade de pommes de terre classique? La Salade de pommes de terre à la mode péruvienne (*papas a la huancaina*) vous surprendra fort agréablement. Le gril vous invite à contempler les légumes sous un angle radicalement renouvelé. Rien de moins.

Artichauts grillés

2 À 4 PORTIONS

Sur le gril, les feuilles d'artichaut les plus coriaces deviennent croustillantes comme une gaufre. Les résultats sont remarquables et vous permettront de déguster les feuilles *presque entières*. Il suffira de quelques efforts de votre part, mais vous ne regretterez pas de vous être lancé dans cette aventure.

4 gros artichauts (d'environ 225 g [8 oz] chacun)

1 citron, coupé en deux

3 gousses d'ail, en fine julienne

6 à 8 c. à soupe d'huile d'olive extravierge

Gros sel de mer ou sel casher et poivre noir frais moulu

Aïoli au safran (facultatif)

1. Préparer le gril pour cuisson à chaleur indirecte (voir p. 12 pour cuisson au charbon de bois et p. 16 pour cuisson au gaz) et préchauffer à température moyenne.
2. Couper la tige de façon que l'artichaut se tienne debout. À l'aide d'un couteau bien aiguisé, couper le sommet de l'artichaut (environ 2,5 cm [1 po]). À l'aide d'une cuillère à melon ou à pamplemousse, racler la partie fibreuse (foin) au centre des artichauts. Frotter toutes les parties coupées avec du jus de citron pour empêcher les légumes de noircir.
3. Placer 3 ou 4 éclats d'ail dans le centre évidé de chaque artichaut et 3 ou 4 autres éclats d'ail entre les feuilles. Verser 1 c. à soupe d'huile d'olive au centre de chaque artichaut avant de badigeonner d'huile l'extérieur des artichauts, y compris entre les feuilles. Verser du jus de citron, saler et poivrer généreusement tant à l'intérieur qu'à l'extérieur.
4. Quand le gril est prêt, brosser et huiler la grille. Placer les artichauts, côté coupé vers le haut, au centre de la grille, loin de la chaleur, et fermer le couvercle.
5. Cuire de 50 à 60 min, jusqu'à ce qu'ils soient colorés à l'extérieur et tendres à l'intérieur. Badigeonner d'huile d'olive à quelques reprises durant la cuisson. Pour vérifier la cuisson, insérer une brochette dans un artichaut ; on doit pouvoir percer le cœur sans difficulté. Servir les artichauts dans un plat ovale ou des assiettes individuelles avec l'aïoli au safran.

Aïoli au safran

ENVIRON 250 ML (1 TASSE)

L'aïoli est ici parfumé de safran. Achetez-le en filaments plutôt qu'en poudre pour vous assurer d'une meilleure qualité.

¼ c. à café (¼ c. à thé) de filaments de safran

2 c. à café (2 c. à thé) d'eau chaude

2 à 3 gousses d'ail, réduites en purée

250 ml (1 tasse) de mayonnaise (Hellmann's de préférence)

Une petite pincée de cayenne

Poivre blanc frais moulu

1. Émietter les filaments de safran avec les doigts dans un petit bol. Ajouter l'eau et laisser tremper 5 min. Ajouter l'ail, la mayonnaise et le cayenne, et mélanger à l'aide d'un fouet. Poivrer au goût. L'aïoli se conserve jusqu'à 3 jours dans le réfrigérateur.

TRUCS

- Pour cette recette, vous pouvez aussi prendre des artichauts plus petits que vous couperez en deux ou des artichauts miniatures que vous ferez griller à chaleur directe. Préparer le gril en conséquence et faites chauffer à feu moyen. Coupez les artichauts en deux dans le sens de la longueur. Retirez-en le foin. Assaisonnez tel qu'indiqué plus haut et badigeonnez généreusement le tout d'huile d'olive. Placez les artichauts sur le gril, côté coupé vers le bas. Faites griller jusqu'à ce que le tout soit doré et croustillant, environ 10 min chaque côté, en badigeonnant souvent d'huile d'olive.
- Je suis heureux de vous parler de mon aïoli au safran, mais les artichauts sur le gril sont tellement bons qu'on peut aussi les servir nature ou avec un simple beurre fondu.

COMMENT GRILLER *des asperges (et autres légumes longs et minces)*

CUISSON À CHALEUR DIRECTE ★ TEMPS DE CUISSON : 4 À 8 MIN

La cuisson sur le gril est le meilleur mode de cuisson pour les asperges puisqu'elle fait ressortir leur douce saveur du printemps. Mais leurs longues tiges ont tendance à tomber entre les barreaux de la grille. Les Japonais ont trouvé la solution à ce problème en enfilant les asperges en travers sur de longs cure-dents ou de fines brochettes de bambou. Cela permet de les retourner facilement avec une pince sans en perdre une seule.

TRUCS

- Achetez l'huile de sésame orientale, plus foncée que la traditionnelle. Les huiles de sésame non grillées vendues dans les magasins d'aliments naturels n'ont pas le même petit goût de noisette si agréable.
- Laissez un peu d'espace entre les asperges en les enfilant sur les brochettes pour qu'elles puissent griller sur toutes les faces.
- Vous pouvez utiliser des graines de sésame non grillées pour cette recette. Le feu se chargera lui-même de les griller.

PRÉPARATION DU GRIL

1 Pour préparer un barbecue au charbon de bois pour une cuisson à chaleur directe, allumer d'abord les charbons dans une cheminée d'allumage (voir p. 9).

2 Avec une houe de jardinage ou tout autre instrument à long manche, tisonner la braise de manière à la répartir uniformément.

3 Pour vérifier si le barbecue a atteint une température élevée, faire le test décrit à la p. 10.

PRÉPARATION DES ASPERGES

1 Tenir le pied d'une asperge dans une main. Plier la tige de l'autre main ; l'asperge cassera exactement à la jonction entre la partie dure et la partie tendre. Jeter les pieds.

2 Mettre 4 ou 5 asperges côte à côte. Les enfiler en travers à deux endroits – juste sous la pointe puis à 3,75 cm (1 ½ po) de la base – sur de longs cure-dents ou de fines brochettes de bambou. Les asperges ressembleront à un radeau.

SUR LE GRIL : Griller directement au-dessus du feu de 2 à 4 min de chaque côté. Il sera facile de les retourner avec une pince.

Asperges grillées au sésame

4 PORTIONS

NÉCESSAIRE : Cure-dents de bois ou fines brochettes de bambou trempés 1 h dans suffisamment d'eau froide puis égouttés.

480 g (1 lb) d'asperges (les tiges ne doivent pas être trop fines)

2 c. à soupe d'huile de sésame orientale (foncée)

1 c. à soupe de sauce soja

1 gousse d'ail, émincée

Gros sel et poivre noir

2 c. à soupe de graines de sésame

SAUCE : Vous pouvez servir cette recette avec la Mayonnaise béarnaise (voir p. 195), la Sauce moutarde à l'aneth (voir p. 207), la Trempette aux poires à l'orientale (voir p. 207) ou la Trempette vietnamienne (voir p. 208).

1. Préparer le gril pour cuisson à chaleur directe (voir p. 10 pour cuisson au charbon de bois et p. 15 pour cuisson au gaz) et préchauffer à température élevée.
2. Couper et jeter la partie inférieure ligneuse des asperges. Enfiler 4 ou 5 pointes d'asperges ensemble sur des brochettes de bambou ou des cure-dents (étape 2 de la p. 73).
3. Dans un petit bol, mélanger l'huile de sésame, la sauce soja et l'ail. Remuer avec une fourchette. Badigeonner les asperges sur toutes les faces avec ce mélange. Saler un peu et poivrer généreusement.
4. Mettre les radeaux d'asperges sur la grille chaude et griller de 2 à 4 min de chaque côté, jusqu'à ce qu'elles brunissent. Assaisonner avec des graines de sésame en cours de cuisson. Servir les asperges telles quelles ou retirées des brochettes.

VARIANTES : Pour un plat à l'italienne, remplacez l'huile de sésame par de l'huile d'olive et la sauce soja par du jus de citron. Parsemez les asperges chaudes avec des fines herbes hachées ou du parmesan fraîchement râpé. Vous pouvez aussi badigeonner les asperges avec de l'huile de noix ou de noisette et les parsemer de noix hachées.

POURQUOI PAS ? Vous pouvez aussi griller de nombreux autres légumes longs et effilés de la même manière : okras, petits pois non écossés, haricots verts, oignons verts, etc.

Bananes plantains à l'ail

4 À 6 PORTIONS

La banane plantain est plus grosse que la banane fruit et elle est un aliment de base en Amérique latine. Verte (pas encore mûre), elle est sans saveur et riche en amidon, comme la pomme de terre. En mûrissant, elle passe du vert au jaune, puis du jaune au noir. Elle devient plus sucrée et son goût se rapproche davantage de celui de la banane confite. Voici un plat d'Amérique du Sud appelé *patacones*. Voici ma recette, riche en ail.

2 bananes plantains vertes

Glaçons

3 à 4 c. à soupe d'huile d'olive extravierge ou (3 à 4 c. à soupe de beurre fondu)

2 gousses d'ail, émincées

2 c. à soupe de coriandre (ou de persil plat frais), hachée finement

Gros sel de mer (ou sel casher)

Poivre noir frais moulu

SAUCE : Vous pouvez servir cette recette avec la Sauce vadrouille classique (voir p. 184), le Beurre d'ail aux fines herbes (voir p. 176) ou le Beurre d'estragon (voir p. 176).

1. Préparer le gril pour cuisson à chaleur directe (voir p. 10 pour cuisson au charbon de bois et p. 15 pour cuisson au gaz) et préchauffer à température moyenne.
2. Couper les bananes en deux sur la longueur. Mettre dans un grand bol (côté peau vers le bas), arroser généreusement d'huile d'olive et parsemer d'ail et de coriandre. Saler, poivrer et remuer doucement.
3. Quand le gril est prêt, brosser et huiler la grille. Déposer les demi-bananes, face coupée vers le bas, et griller de 5 à 8 min, jusqu'à ce que le dessus soit doré. Retourner à l'aide d'une pince et griller encore de 8 à 12 min, jusqu'à ce que la pelure soit très foncée et que la chair soit tendre. Vérifier la cuisson en insérant un cure-dent dans la chair. Badigeonner d'huile à l'ail à quelques reprises pendant la cuisson.
4. Peler les bananes puis servir immédiatement dans un plat ovale ou des assiettes individuelles et arroser du restant d'huile. (J'aime aussi servir ces bananes directement dans le bol qui contenait l'huile.)

TRUC

- **On peut manger les bananes plantains à trois étapes de leur maturation : *verde*, vertes et dures ; *pinton*, jaunes et mi-sucrées ; *maduro*, noires, molles et sucrées.**

COMMENT GRILLER *des champignons*

CUISSON À CHALEUR DIRECTE ★ TEMPS DE CUISSON : 6 À 10 MIN

Vous êtes à la recherche d'une nouvelle manière de faire cuire les champignons? Allumez votre barbecue! Les champignons sont tout indiqués pour absorber les marinades savoureuses et l'odeur envoûtante du feu et de la fumée de bois. Le seul défi consiste à les cuire uniformément et à les empêcher de tomber entre les barreaux de la grille. Vous pouvez y arriver en les enfilant sur des brochettes et vous verrez qu'il est beaucoup plus facile de retourner une seule brochette que 6 champignons sur le gril!

VARIANTE : Essayez plusieurs variétés de champignons. Les bons marchés et les boutiques de gourmet proposent environ une demi-douzaine de variétés différentes. Les supermarchés en offrent probablement deux ou trois.

PRÉPARATION DU GRIL

1 Pour préparer un barbecue au charbon de bois pour une cuisson à chaleur directe, allumer d'abord les charbons dans une cheminée d'allumage (voir p. 9).

2 Avec une houe de jardinage ou tout autre instrument à long manche, tisonner la braise de manière à la répartir uniformément.

3 Pour vérifier si le barbecue a atteint une température élevée, faire le test décrit à la p. 10.

PRÉPARATION DES CHAMPIGNONS

1 Supprimer les pieds des shiitake en les coupant à la base du chapeau. Sur la photo, en commençant par les champignons qui sont sous ma main et dans le sens des aiguilles d'une montre : pleurotes, shiitake, pleurotes jaunes, honshimeji et criminis.

2 Enfiler les champignons sur des brochettes en les regroupant par variétés et en prenant soin de ne pas briser les chapeaux.

TRUCS

- On peut aussi griller les champignons dans un wok ou une poêle conçus pour le gril. Ces ustensiles permettent de remuer les champignons comme on le ferait dans un wok conventionnel et leurs nombreux trous permettent à la fumée et au feu de les imprégner de leur bon goût. N'hésitez pas à acheter un wok ou une poêle conçus expressément pour le gril. Choisissez-en un dont le fond est profond et percé de plusieurs trous.
- Ne lavez jamais les champignons dans un bol d'eau ; ils l'absorberont et deviendront spongieux. Pour les nettoyer, coupez le bout des pieds et essuyez les chapeaux avec un papier essuie-tout humide (pour les shiitake, supprimez complètement les pieds).

SUR LE GRIL : Griller les brochettes sur la grille, côté huilé vers le bas, de 3 à 5 min. Badigeonner l'autre côté avec de l'huile avant de les retourner et griller de 3 à 5 min de plus ou encore, mélanger tous les champignons dans l'huile et les griller dans un wok convenant à la cuisson sur le gril de 6 à 10 min, jusqu'à ce qu'ils soient tendres et bien imprégnés de fumée.

Champignons grillés à la mexicaine

4 PORTIONS

NÉCESSAIRE : 10 à 12 brochettes de bambou trempées 1 h dans l'eau froide puis égouttées ; 1 tasse de copeaux de bois (chêne de préférence) non trempés ; vaporisateur à huile (facultatif).

480 g (1 lb) de champignons mélangés (shiitake, morilles, pleurotes, chanterelles, bolets, etc.)

3 c. à soupe d'huile d'olive extravierge

2 gousses d'ail, hachées

Gros sel et poivre noir

2 tomates prunes, grillées (p. 143), épépinées et coupées en dés

1 oignon moyen, en quartiers, grillé (p. 102) et coupé et dés

2 piments jalapenos ou plus au goût, grillés, coupés en travers et épépinés (laisser les graines pour une saveur piquante)

2 c. à soupe de coriandre fraîche

2 c. à soupe de jus de citron vert

Tranches fines de citron vert

Brins de coriandre fraîche

SAUCE : Vous pouvez servir cette recette avec le Chutney à la coriandre (voir p. 193) ou la Salsa Verde (voir p. 201).

1. Préparer le gril pour cuisson à chaleur directe (voir p. 10 pour le charbon et p. 15 pour le gaz) et préchauffer à température élevée. Si on a un appareil alimenté au gaz, mettre les copeaux de bois dans le bac à copeaux ou la papillote à copeaux (voir p. 17) et préchauffer jusqu'à ce qu'une fumée commence à se dégager.
2. Avec un linge humide, bien essuyer les champignons. Supprimer les pieds et couper les très gros chapeaux en deux ou en quatre pour qu'ils soient tous de la même grosseur. Quand le four est prêt, jeter des copeau sur le charbon si on utilise un barbecue au charbon de bois.
3. Enfiler les champignons sur des brochettes (étape 2 de la page 79). Quand le gril est prêt, badigeonner un côté des champignons avec de l'huile, puis saler et poivrer. Griller de 3 à 5 min de chaque côté en les badigeonnant avant de les retourner puis après. Après 6 à 10 min de cuisson, les champignons seront tendres et brunis.
4. Transvider les champignons grillés dans un grand bol (sans les brochettes). Incorporer les tomates, les oignons, les piments, la coriandre hachée et le jus de citron vert. Saler et poivrer au goût. Garnir avec des tranches de citron vert et des brins de coriandre. Servir immédiatement.

VARIANTES : Pour une touche de saveur additionnelle, ajoutez de l'ail émincé et de la coriandre ou du persil haché à l'huile d'olive. Pour une version européenne, remplacez l'huile par du Beurre d'ail aux fines herbes ou du Beurre d'estragon (p. 176). Remplacez les piments par des poivrons grillés et la coriandre par du basilic.

TRUCS

- **Préchauffer le wok sur le gril. Quand il est chaud, le vaporiser légèrement avec de l'huile, loin de la flamme. Mélanger les champignons avec l'huile et les jeter dans le wok. Griller de 6 à 10 min, jusqu'à ce qu'ils soient bien brunis sur toutes les faces, en secouant le wok et en mélangeant les champignons avec une pince pour obtenir une cuisson uniforme (utiliser des gants de cuisine pour toucher le wok). Saler et poivrer généreusement en cours de cuisson.**
- **J'aime marier les champignons grillés avec des oignons, des tomates et des piments grillés. Mettez-les sur le gril avant d'y poser les champignons parce qu'ils requièrent une cuisson plus longue.**

COMMENT GRILLER *des courgettes et des courges jaunes*

CUISSON À CHALEUR DIRECTE ★ TEMPS DE CUISSON : 8 À 12 MIN

Les courgettes représentent la quintessence des légumes d'été convenant parfaitement à la cuisson au barbecue. Leur chair douce prend rapidement le goût du feu et de la fumée et leur importante teneur en eau les garde tendres et humides en cours de cuisson. Pour profiter de leur saveur au maximum, coupez-les en tranches sur la longueur. Elles présenteront ainsi une plus grande surface sur le feu, ce qui les empêchera de ramollir. J'aime griller les courgettes et les courges jaunes ensemble. Le jaune et le vert se marient bien dans l'assiette. Servez-les à la température ambiante ou dès leur sortie du gril. Ces légumes ne coûtent pas cher et on les trouve dans les marchés pendant toute l'année. Profitez-en abondamment.

PRÉPARATION DU GRIL

1 Pour préparer un barbecue au charbon de bois pour une cuisson à chaleur directe, allumer d'abord les charbons dans une cheminée d'allumage (voir p. 9).

2 Avec une houe de jardinage ou tout autre instrument à long manche, tisonner la braise de manière à la répartir uniformément.

3 Pour vérifier si le barbecue a atteint une température élevée, faire le test décrit à la p. 10.

PRÉPARATION DES COURGES

1 Couper les courgettes et les courges jaunes sur la longueur en tranches de 6 mm (¼ po) d'épaisseur.

2 Dresser les tranches dans un plat de cuisson, les couvrir avec les fines herbes et les assaisonnements, puis les arroser avec l'huile.

TRUCS

- Choisissez des courgettes de grosseur moyenne de 12 à 20 cm (5 à 8 po) de longueur. Vous obtiendrez ainsi plus de chair qu'avec les courgettes géantes qui envahissent les jardins à la fin de l'été et qui sont remplies de graines. Pour les mêmes raisons, achetez des courges jaunes petites et tendres. Les courgettes jaunes sont idéales. Brossez-les avec une brosse de nylon afin de les débarrasser de toute saleté.
- Faites-les griller directement sur la grille.
- Utilisez des copeaux de bois pour leur donner une légère saveur de bois. Ne les faites pas tremper dans l'eau afin de ne pas obtenir un goût fumé trop prononcé.

SUR LE GRIL : Cuire les courges de 4 à 6 min de chaque côté, jusqu'à ce qu'elles commencent à brunir. Les faire pivoter de 90 degrés après 2 min de cuisson afin que le contact des courges avec la grille crée un quadrillage décoratif.

Courgettes et courges jaunes épicées à la grecque

4 À 6 PORTIONS

NÉCESSAIRE : 1 tasse de copeaux de bois (facultatif ; chêne de préférence) non trempés ; grille à légumes (facultatif).

2 ou 3 courgettes moyennes (environ 480 g/1 lb)

2 ou 3 courges jaunes (ou plus de courgettes) (environ 480 g/1 lb)

1 ou 2 gousses d'ail, émincées

1 c. à café (1 c. à thé) d'origan séché

1 c. à café (1 c. à thé) de menthe séchée

½ c. à café (½ c. à thé) de piment fort rouge en flocons

Gros sel et poivre noir

3 c. à soupe d'huile d'olive extravierge

Quartiers de citron (facultatif)

1. Couper les courges et les courgettes sur la longueur en tranches de 6 mm (¼ po). Dresser les tranches sur un plateau ou dans un plat de cuisson et les assaisonner des deux côtés avec l'ail, l'origan, la menthe, le piment et beaucoup de sel et de poivre. Arroser avec 2 c. à soupe d'huile et retourner les tranches à quelques reprises pour bien les huiler. Laisser mariner 15 min.
2. Préparer le gril pour cuisson à chaleur directe (voir p. 10 pour le charbon et p. 15 pour le gaz) et préchauffer à température élevée. Préchauffer le panier à légumes si on en utilise un. Si on a un appareil alimenté au gaz, mettre les copeaux de bois, si désiré, dans le bac à copeaux ou la papillote à copeaux (voir p. 17) et préchauffer jusqu'à ce qu'une fumée apparaisse.
3. Si on a un barbecue au charbon de bois, remuer les copeaux de bois sur les charbons si désiré. Mettre les tranches de courges et de courgettes sur la grille chaude et griller de 4 à 6 min de chaque côté, jusqu'à ce qu'elles commencent à brunir. Les faire pivoter de 90 degrés après 2 min de cuisson pour obtenir un quadrillage décoratif des deux côtés.
4. Dresser les tranches sur un plateau. Arroser les légumes avec l'huile restante et garnir avec des quartiers de citron. Servir immédiatement.

VARIANTES : Pour ajouter une saveur marocaine aux courgettes, ajouter 1 c. à café (1 c. à thé) de cumin moulu et la même quantité de coriandre moulue à la recette.
Utilisez les restes de courges et de courgettes grillées en salade (ou faites-en cuire davantage pour cet usage). Coupez-les en morceaux de 2,5 cm (1 po) et assaisonnez-les avec de l'huile d'olive, du jus de citron, de l'ail émincé, du sel et du poivre. Ajoutez au goût du maïs, des tomates et des oignons grillés.

POURQUOI PAS ? La marinade utilisée ici est délicieuse avec n'importe quel légume grillé : asperge, tranches d'aubergine, rondelles d'oignon, etc.

Courges grillées aux herbes de Provence

2 À 4 PORTIONS

Voici une manière simple d'accommoder les courges d'été !

2 courges ou courgettes jaunes (240 à 420 g/12 à 14 oz)

1 à 2 c. à soupe d'huile d'olive extravierge

Gros sel et poivre noir frais moulu

2 c. à soupe d'herbes de Provence

1 à 2 gousses d'ail (facultatif), émincées

SAUCE : Vous pouvez servir cette recette avec le Beurre d'ail aux fines herbes (voir p. 176), le Beurre d'estragon (voir p. 176) ou la Sauce barbecue classique (voir p. 182).

1. Préparer le gril pour cuisson à chaleur directe (voir p. 10 pour cuisson au charbon de bois et p. 15 pour cuisson au gaz) et préchauffer à température élevée.
2. Couper les bouts des courges. Couper chacune sur la longueur en tranches de 1,25 cm (½ po). Badigeonner légèrement d'huile d'olive, saler et poivrer sur les deux faces. Ajouter les herbes de Provence et l'ail sur les deux faces également.
3. Quand le gril est prêt, brosser et huiler la grille. Déposer les courges sur la grille chaude. Compter de 2 à 4 min de cuisson de chaque côté pour que les courges soient dorées et tendres.
4. Servir immédiatement dans un plat ovale ou des assiettes individuelles.

Courges grillées épicées à l'orientale

4 PORTIONS

Voici une recette orientale qui sent bon l'ail, les graines de sésame et la sauce soja. Ces ingrédients font ressortir la douceur naturelle de la courge de manière très subtile.

720 g (1 ½ lb) de courge musquée ou d'une autre courge d'hiver

2 c. à soupe de beurre non salé

2 gousses d'ail, émincées

1 oignon vert (le blanc et le vert), émincé

1 c. à soupe de graines de sésame noires ou blanches

2 c. à soupe de sirop d'érable

1 c. à soupe de sauce soja

SAUCE : Vous pouvez servir cette recette avec la Crème fouettée au wasabi (voir p. 194).

1. Préparer le gril pour cuisson à chaleur directe (voir p. 10 pour cuisson au charbon de bois et p. 15 pour cuisson au gaz) et préchauffer à température élevée.
2. Peler et égrener la courge. La couper en travers en tranches de 1,25 cm (½ po).
3. Faire fondre le beurre à feu moyen dans une petite casserole. Ajouter l'ail, les oignons verts et les graines de sésame. Cuire environ 1 min sans laisser brunir. Incorporer le sirop d'érable et la sauce soja, porter à ébullition et laisser bouillir 30 secondes.
4. Quand on est prêt pour la cuisson, badigeonner les tranches de courge de beurre sur les deux faces.
5. Quand le gril est prêt, brosser et huiler la grille. Déposer les courges sur la grille chaude. Compter de 2 à 3 min de cuisson de chaque côté pour que les courges soient colorées et tendres. On doit pouvoir les percer sans difficulté avec un couteau. Badigeonner de beurre une ou deux fois en cours de cuisson.
6. Servir immédiatement dans un plat ovale ou des assiettes individuelles. Napper avec le beurre restant.

TRUCS

- **Vous pouvez prendre n'importe quelle courge d'hiver à chair orange pour cette recette. La courge musquée est toutefois la plus facile à peler. La courge poivrée et la courge Hubbard donnent elles aussi de belles tranches.**
- **Les graines de sésame noires donnent belle allure à ce plat. On peut s'en procurer dans les magasins d'aliments naturels et les épiceries orientales. Les graines de sésame blanches font aussi l'affaire.**

Ignames confites au sirop d'érable

4 PORTIONS

2 grosses ignames (environ 720 g/1 ½ lb au total)

2 c. à soupe de beurre salé

2 c. à soupe de sirop d'érable

180 g (¾ tasse) de sucre, dans un grand bol peu profond

Huile de cuisson en vaporisateur

1. Préparer le gril pour cuisson à chaleur indirecte (voir p. 12 pour cuisson au charbon de bois et p. 16 pour cuisson au gaz) et préchauffer à température moyenne.
2. Peler les ignames et les couper en travers en tranches de 1,25 cm (½ po). Jeter les extrémités pointues. Dans une petite casserole, faire fondre le beurre à feu moyen-vif. Incorporer le sirop d'érable, porter à ébullition et laisser bouillir environ 30 secondes, jusqu'à consistance épaisse et sirupeuse. À l'aide d'un pinceau à pâtisserie, beurrer les ignames sur les deux faces, puis les passer dans le sucre en les couvrant de chaque côté. Secouer tout surplus de sucre.
3. Quand le gril est prêt, brosser et huiler la grille. Mettre les tranches d'igname au centre de la grille, loin de la chaleur, et fermer le couvercle. Griller de 20 à 30 min, jusqu'à ce qu'elles soient colorées à l'extérieur et tendres à l'intérieur. On doit pouvoir les percer sans difficulté avec un couteau.
4. Servir les ignames immédiatement dans un plat ovale ou des assiettes individuelles et les napper avec le reste de la sauce au sirop d'érable.

TRUCS

- **J'aime faire cette recette avec des ignames dont la couleur rouge orangée et le goût sont des plus appétissants. Mais les patates douces sont aussi très appréciées quand on les prépare de cette façon.**
- **Si vous aimez les ignames avec de la cannelle ou de la muscade, ajoutez ½ c. à café (½ c. à thé) de l'une ou l'autre au sucre.**

COMMENT GRILLER *de la laitue*

CUISSON À CHALEUR DIRECTE ★ TEMPS DE CUISSON : 6 À 10 MIN

La laitue est peut-être la dernière chose que l'on penserait à faire cuire sur le gril. Elle qui se flétrit si rapidement quand il fait chaud, pourquoi voudrait-on l'exposer directement au feu ? Les Italiens raffolent de la laitue grillée. Ils apprécient son aspect plissé et tacheté et la manière dont les feuilles s'imprègnent de saveur quand elles sont cuites sur le feu. Le secret consiste à bien choisir la laitue que l'on fera griller. En Italie, on choisit les laitues fermes et amères telles que le radicchio (chicorée rouge) et l'endive, qui supportent très bien ce mode de cuisson.

PRÉPARATION DU GRIL

1 Pour préparer un barbecue au charbon de bois pour une cuisson à chaleur directe, allumer d'abord les charbons dans une cheminée d'allumage (voir p. 9).

2 Avec une houe de jardinage ou tout autre instrument à long manche, tisonner la braise de manière à la répartir uniformément.

3 Pour vérifier si le barbecue a atteint une température élevée, faire le test décrit à la p. 10.

PRÉPARATION DU RADICCHIO : Couper le radicchio en quartiers et les enfiler sur de fines brochettes de bambou ou de longs cure-dents. (Si les brochettes sont trop longues, les couper avec une pince de cuisine.) Les quartiers de radicchio auront moins tendance à se défaire grâce aux brochettes.

SUR LE GRIL : Badigeonner les laitues avec de l'huile en cours de cuisson. Griller les morceaux de radicchio et d'endive de 3 à 5 min de chaque côté.

TRUCS

- Vous pouvez servir les laitues dès leur sortie du gril, mais elles sont tout aussi délicieuses à la température ambiante. On peut ainsi les préparer à l'avance, ce qui permet de libérer le gril pour cuire les autres aliments qui requièrent d'être grillés à la dernière minute.
- J'aime servir les laitues grillées avec une sauce aigre-douce épaisse que j'achète à Venise. Le chocolat contenu dans cette sauce rehausse miraculeusement leur goût. Les Mexicains utilisent ce truc depuis des siècles dans la confection du *mole poblano*.
- Les copeaux de bois ne doivent pas être trempés pour cette recette. Vous obtiendrez ainsi une bonne saveur de bois qui ne sera pas imprégnée de fumée.
- Les maîtres du gril italiens grillent les laitues le plus simplement possible. J'aime le goût que l'huile d'olive utilisée pour les badigeonner leur confère.

Endives et radicchio à la sauce aigre-douce

4 PORTIONS

NÉCESSAIRE : 12 brochettes de bambou longues et minces ou de cure-dents de bois, ou plus au besoin, trempés 1 h puis égouttés ; 1 tasse de copeaux de bois (chêne de préférence) non trempés préalablement.

SAUCE AIGRE-DOUCE

3 c. à soupe d'huile d'olive extravierge

2 gousses d'ail, pelées et écrasées légèrement avec la lame d'un couteau

3 c. à soupe de pignons

3 c. à soupe de raisins de Corinthe ou de raisins secs

75 ml (1/3 tasse) de vinaigre balsamique

75 ml (1/3 tasse) de miel

30 g (1 oz) de chocolat mi-sucré, grossièrement haché

Gros sel et poivre noir

1 c. à soupe de beurre

LAITUES

2 petits ou 1 gros radicchio

2 endives moyennes, coupées en deux sur la longueur

2 c. à soupe d'huile d'olive extravierge

1. Préparer la sauce : Chauffer l'huile dans une casserole sur feu moyen. Ajouter l'ail et cuire environ 3 min pour faire brunir légèrement. Ajouter les pignons et les raisins secs et cuire environ 2 min sans cesser de remuer, jusqu'à ce que les pignons commencent à brunir. Ajouter le vinaigre, le miel et le chocolat, et amener à ébullition. Laisser mijoter de 3 à 5 min, jusqu'à consistance sirupeuse et épaisse, en fouettant bien pour faire fondre le chocolat. Saler et poivrer au goût. Retirer du feu et incorporer le beurre en fouettant. (La sauce peut être préparée jusqu'à 6 h à l'avance puis réchauffée.)
2. Préparer le gril pour cuisson à chaleur directe (voir p. 10 pour cuisson au charbon de bois et p. 15 pour cuisson au gaz) et préchauffer à température élevée. Si on a un appareil alimenté au gaz, mettre tous les copeaux de bois dans le bac à copeaux ou la papillote à copeaux (voir p. 17) et préchauffer jusqu'à ce que l'on voie apparaître de la fumée.
3. Couper le radicchio en quartiers de 2,5 cm (1 po) d'épaisseur environ. Insérer une brochette de bambou ou un cure-dent en travers de manière à bien retenir les feuilles ensemble. Il n'est pas nécessaire d'embrocher les endives.
4. Quand le gril est prêt, si on a un appareil alimenté au charbon, mettre les copeaux de bois sur les charbons. Poser les radicchios et les endives sur la grille chaude et griller de 3 à 5 min de chaque côté, jusqu'à ce qu'ils brunissent légèrement. Après 1 min de cuisson, badigeonner les laitues avec de l'huile.
5. Mettre les laitues grillées sur des assiettes ou sur un plateau. Servir la sauce dans un bol ou la verser immédiatement sur les laitues. Pour obtenir un meilleur goût tout en sacrifiant toutefois la beauté du plat, remuer les laitues avec la sauce pour qu'elles s'en imprègnent complètement. Servir chaud ou tiède.

POURQUOI PAS ? Cette sauce met en valeur plusieurs légumes grillés : asperges, courges d'hiver, etc.

Fenouil à la sauce au miel et au vinaigre de xérès

4 PORTIONS

On décrit parfois le fenouil comme un céleri au parfum de réglisse ou un légume à l'odeur anisée. La marinade à base de miel et de vinaigre de xérès l'empêchera de sécher en cours de cuisson. Le bulbe étant dur et dense, je vous recommande de le laisser mariner toute une nuit.

60 ml (¼ tasse) d'huile d'olive extravierge

60 ml (¼ tasse) de vinaigre de xérès

60 ml (¼ tasse) de miel

Gros sel de mer ou sel casher et poivre noir frais moulu

2 gros bulbes de fenouil, parés (voir Note)

2 c. à soupe d'huile d'olive (pour badigeonner pendant la cuisson)

1. Dans un grand bol, à l'aide d'un fouet, bien mélanger l'huile d'olive, le vinaigre et le miel. Saler et poivrer légèrement.
2. Couper chaque bulbe en quartiers sur toute la longueur. Mettre le fenouil dans la marinade et remuer pour bien enrober. Couvrir et laisser mariner de 1 à 2 h dans le réfrigérateur. Remuer le fenouil de temps à autre pendant cette période. On peut aussi le faire mariner dans un sac de plastique à fermeture hermétique.
3. Préparer le gril pour cuisson à chaleur directe (voir p. 10 pour cuisson au charbon de bois et p. 15 pour cuisson au gaz) et préchauffer à température élevée.
4. Retirer le fenouil de la marinade et réserver. Verser la marinade dans une casserole et réserver.
5. Quand le gril est prêt, brosser et huiler la grille. Poser les quartiers de fenouil sur la grille chaude et cuire de 9 à 15 min au total, en retournant à l'aide d'une pince, jusqu'à ce que le tout soit doré à l'extérieur et tendre à l'intérieur. Pour vérifier la cuisson, insérer une brochette dans un quartier de fenouil. Badigeonner d'huile d'olive à quelques reprises durant la cuisson. Saler et poivrer.
6. Pendant ce temps, préparer la sauce : Amener la marinade à ébullition à feu moyen-vif et laisser bouillir de 5 à 8 min, jusqu'à ce qu'elle soit épaisse, sirupeuse et réduite du tiers. Rectifier l'assaisonnement en sel et poivre si nécessaire.
7. Mettre le fenouil dans un plat de service, napper de sauce et servir immédiatement.

NOTE : Les longues tiges de fenouil, qu'on n'utilise pas dans cette recette, sont délicieuses en salade avec leurs feuilles.

COMMENT GRILLER *des papillotes en aluminium*

CUISSON À CHALEUR DIRECTE ★ TEMPS DE CUISSON : 8 À 10 MIN

Comment faire griller de petits morceaux de légumes ou de fruits de mer sans grille, sans broches ni brochettes ? Si vous avez été membre des scouts au cours de votre enfance, vous connaissez sûrement la solution : il suffit de les faire cuire dans du papier d'aluminium. Les papillotes se préparent en un clin d'œil et l'aluminium emprisonne leur fraîcheur et leur saveur. La technique de base consiste à envelopper les légumes dans du papier d'aluminium avec des fines herbes, des épices et un peu de liquide. Vous mettez ensuite les papillotes sur la braise (ou sur la grille) et en quelques minutes vous obtenez des papillotes bien gonflées regorgeant de parfums envoûtants.

PRÉPARATION DU GRIL

1 Pour préparer un barbecue au charbon de bois pour une cuisson à chaleur directe, allumer d'abord les charbons dans une cheminée d'allumage (voir p. 9).

2 Avec une houe de jardinage ou tout autre instrument à long manche, tisonner la braise de manière à la répartir uniformément.

3 Pour vérifier si le barbecue a atteint une température élevée, faire le test décrit à la p. 10.

PRÉPARATION DES PAPILLOTES

1 Étendre un peu de beurre au centre de ce qui deviendra le fond de la papillote. Le côté mat du papier doit être sur le dessus afin que l'extérieur de la papillote soit brillant.

2 Mettre les légumes sur la partie supérieure du papier en commençant par les plus durs comme les carottes. Les légumes plus légers et qui renferment plus d'eau comme les champignons doivent être placés sur le dessus. Terminer avec les autres ingrédients : gingembre, ail, oignons verts et graines de sésame. Arroser avec quelques gouttes de sauce soja.

3 Mettre un morceau de beurre sur les légumes.

4 Plier le papier d'aluminium sur les légumes pour faire un paquet rectangulaire.

5 Ourler les bords les plus courts plusieurs fois pour bien sceller la papillote.

6 Verser le vinaigre de riz dans la papillote.

7 Replier et gaufrer le dernier côté pour faire une papillote parfaitement scellée.

TRUCS

- Assemblez les papillotes en veillant à ce que le côté brillant du papier d'aluminium soit du côté extérieur. Il s'agit d'une considération purement esthétique.
- Les légumes doivent être coupés finement afin de cuire plus rapidement.
- Vous pouvez faire cuire directement les papillotes sur la braise, ce qui est très apprécié des campeurs.
- Soyez prudent au moment de servir. Dites à vos invités d'ouvrir les papillotes avec leur couteau et leur fourchette tenus à distance de leur visage. La vapeur qui s'en échappera sera très chaude.

SUR LE GRIL : Mettre les papillotes sur la grille au-dessus du feu. Après 8 à 10 min de cuisson elles gonfleront, ce qui signifie qu'elles sont prêtes (comme celle du bas sur la photo).

Légumes grillés à l'orientale en papillote

4 PORTIONS

NÉCESSAIRE : 4 feuilles de papier d'aluminium (40 x 45 cm/16 x 18 po) ; résistant de préférence.

4 c. à soupe (½ bâtonnet) de beurre non salé

240 g (8 oz) de carottes (3 ou 4), coupées diagonalement en fines tranches de 3 mm (1/8 po) d'épaisseur

240 g (8 oz) de pois mange-tout (pois gourmands), parés

240 g (8 oz) de champignons de Paris, parés et coupés en tranches de 3 mm (1/8 po) d'épaisseur

2 oignons verts, partie blanche seulement, finement coupés comme des allumettes

1 morceau de 2,5 cm (1 po) de gingembre frais, pelé et finement coupé comme des allumettes

2 gousses d'ail, finement coupées comme des allumettes

4 c. à café (4 c. à thé) de graines de sésame grillées

1 c. à soupe de sauce soja

Gros sel et poivre noir

4 c. à soupe de vinaigre de riz chinois, de saké ou de xérès sec

1. Mettre une feuille d'aluminium, côté brillant vers le bas, sur une surface de travail (le côté le moins large tourné vers soi). Mettre un petit morceau de beurre au centre de la partie inférieure du papier. Mettre le quart des carottes, des pois mange-tout et des champignons en tas sur le beurre. Mettre le quart des oignons verts, du gingembre, de l'ail et des graines de sésame par-dessus. Arroser avec quelques gouttes de sauce soja, saler et poivrer. Ajouter une noisette de beurre sur le dessus.
2. Tel qu'indiqué aux étapes 4 à 7 des p. 94 et 95, plier le papier d'aluminium sur les légumes pour former un rectangle. Plier les côtés plusieurs fois pour bien sceller. Verser 1 c. à soupe de vinaigre de riz dans la papillote et sceller le dernier côté. Faire la même chose avec le reste des ingrédients pour former 3 autres papillotes. On peut faire la recette jusqu'à cette étape-ci de 3 à 4 h à l'avance. Il suffit de garder ensuite les paquets dans le réfrigérateur. Il faut toutefois les ramener à la température ambiante avant de les poser sur le gril.
3. Préparer le gril pour cuisson à chaleur directe (voir p. 10 pour le charbon et p. 15 pour le gaz) et préchauffer à température élevée.
4. Quand le gril est prêt, mettre les papillotes sur la grille chaude. Griller jusqu'à ce que les papillotes gonflent complètement. Temps de cuisson : 8 à 10 min. Servir immédiatement.
5. Il faut dire aux invités d'ouvrir les papillotes avec leur couteau et leur fourchette tenus à distance de leur visage. Il suffit de faire une incision sur le dessus du paquet. La vapeur qui s'en échappera sera très chaude.

SAUCE : Vous pouvez servir cette recette avec la Crème fouettée au wasabi (voir p. 194) ou la Trempette vietnamienne (voir p. 208).

COMMENT GRILLER *du maïs*

CUISSON À CHALEUR DIRECTE ★ TEMPS DE CUISSON : 8 À 12 MIN

La controverse demeure : faut-il éplucher le maïs ou non avant de le griller ? Les uns prétendent que les feuilles protègent les grains délicats de la chaleur trop vive ; les autres disent que le maïs non épluché a un goût fade de maïs cuit à la vapeur parce que les feuilles empêchent la fumée d'imprégner les grains. Si vous essayez ma méthode, je suis sûr que vous vous régalerez pendant toute la saison du maïs. Vous ferez partie des nouveaux convertis qui ne craignent pas d'éplucher les épis avant de les poser sur le gril.

TRUCS

- Achetez du maïs en épi. Les feuilles vous aideront à tenir l'épi pour le manger.
- Choisissez minutieusement chacun des épis en ouvrant délicatement quelques feuilles. Préférez ceux qui sont juteux, dodus et dont les grains sont bien formés.
- Vous pouvez vous simplifier la tâche en badigeonnant simplement les épis avec du beurre fondu et de l'huile d'olive et en les assaisonnant de sel et de poivre.

PRÉPARATION DU GRIL

1 Pour préparer un barbecue au charbon de bois pour une cuisson à chaleur directe, allumer d'abord les charbons dans une cheminée d'allumage (voir p. 9).

2 Avec une houe de jardinage ou tout autre instrument à long manche, tisonner la braise de manière à la répartir uniformément.

3 Pour vérifier si le barbecue a atteint une température élevée, faire le test décrit à la p. 10.

PRÉPARATION DU MAÏS

1 Enlever les feuilles en commençant par la pointe de l'épi en faisant le même mouvement que pour peler une banane. Laisser les feuilles attachées à l'autre extrémité.

2 Débarrasser l'épi de ses filandres et tirer vers l'arrière les feuilles qui ont été conservées, puis les attacher avec une ficelle.

SUR LE GRIL: Brosser les épis de maïs avec le beurre d'ail en cours de cuisson. Les épis sont cuits après 8 à 12 min, lorsqu'ils sont d'un beau brun doré. Noter comment les épis ont été posés sur le gril de manière que les feuilles soient en dehors du gril, loin du feu.

Une autre façon d'empêcher les feuilles de brûler est de glisser une feuille d'aluminium en dessous.

Maïs grillé

DONNE 4 ÉPIS ; 2 À 4 PORTIONS

NÉCESSAIRE : Ficelle à rôti.

4 épis de maïs sucré dans leurs feuilles

6 c. à soupe (3/4 de bâtonnet) de beurre à la température ambiante

2 c. à soupe de persil plat frais, émincé

1 gousse d'ail, émincée

Gros sel et poivre noir

SAUCE : Vous pouvez servir cette recette avec le Beurre d'ail aux fines herbes (voir p. 176), le Beurre d'estragon (voir p. 176) ou la Sauce au gorgonzola (voir p. 203)

1. Préparer le gril pour cuisson à chaleur directe (voir p. 98 pour cuisson au charbon de bois et p. 15 pour cuisson au gaz) et préchauffer à température élevée.
2. Placer les feuilles de chaque épi tel qu'indiqué aux étapes 1 et 2 de la page précédente. Enlever les filandres.
3. Dans un bol, fouetter le beurre, le persil et l'ail jusqu'à consistance légère et crémeuse.
4. Badigeonner légèrement les épis avec un peu de beurre assaisonné à l'ail et au persil. Poser les épis sur le gril de manière que les feuilles soient éloignées du feu. Griller le maïs de 8 à 12 min, jusqu'à ce que les grains soient brunis tout autour de l'épi. Les retourner au besoin et les badigeonner de beurre assaisonné ; saler et poivrer généreusement. Servir immédiatement.

VARIANTES : On peut remplacer le persil par de l'aneth, du basilic ou de l'estragon pour faire le beurre.
Les grains de maïs grillé donnent beaucoup de saveur aux salades et aux salsas. Retirez les grains de l'épi avec un couteau long et large.

Maïs grillé au beurre de soja et au sésame

4 PORTIONS

Sur la route internationale de la cuisine barbecue, le maïs grillé est servi de mille et une façons : avec du jus de citron vert et du piment en Inde, avec de la mayonnaise et du fromage râpé au Mexique et, bien sûr, avec du sel, du poivre et du beurre doux aux États-Unis. Au Japon, on badigeonne les épis avec du beurre de soja. J'ai l'intuition que vous ne voudrez pas passer à côté d'un tel délice.

3 c. à soupe de beurre non salé

1 oignon vert (le blanc et le vert), haché finement

2 c. à café (2 c. à thé) de sauce soja

4 épis de maïs sucré, épluchés et coupés ou cassés en deux

1 c. à soupe de graines de sésame, grillées (voir Note)

1. Préparer le gril pour cuisson à chaleur directe (voir p. 98 pour cuisson au charbon de bois et p. 15 pour cuisson au gaz) et préchauffer à température élevée.
2. Faire fondre le beurre dans une casserole à feu moyen. Ajouter les oignons verts et cuire environ 1 min sans faire brunir les oignons. Incorporer la sauce soja et retirer du feu.
3. Quand le gril est prêt, brosser et huiler la grille. Déposer les épis de maïs sur la grille chaude parallèlement aux barres de la grille. Compter de 2 à 3 min de cuisson de chaque côté pour que le maïs soit coloré sur toutes les faces (8 à 12 min en tout). Badigeonner avec un peu de beurre de soja pendant la cuisson. Utiliser une petite quantité de beurre afin de ne pas salir le gril.
4. Mettre les épis dans un plat ovale. Badigeonner avec le beurre restant, couvrir avec les graines de sésame et servir immédiatement.

NOTE : Pour griller les graines de sésame, les mettre dans une poêle en fonte ou à fond épais. (Ne pas utiliser de poêle antiadhésive.) Faire brunir légèrement les graines environ 3 min à feu moyen en secouant la poêle pour qu'elles grillent uniformément. Laisser refroidir dans un bol résistant à la chaleur.

COMMENT GRILLER *des oignons et de l'ail*

CUISSON À CHALEUR DIRECTE ★ TEMPS DE CUISSON : 8 À 16 MIN

Il est difficile de trouver un pays où l'on n'apprécie pas une variété ou l'autre d'oignons grillés. Les Japonais aiment les negi (poireaux), les Espagnols les calçots (gros oignons verts), les Américains les oignons des Bermudes. Cette popularité est bien méritée puisque les oignons renferment suffisamment d'eau pour ne pas sécher sur le gril et la chaleur élevée leur donne un goût caramélisé irrésistible. La chaleur élimine même les substances qui donnent mauvaise haleine. Les oignons se transforment merveilleusement pendant la cuisson en devenant soyeux et doux.

PRÉPARATION DU GRIL

1 Pour préparer un barbecue au charbon de bois pour une cuisson à chaleur directe, allumer d'abord les charbons dans une cheminée d'allumage (voir p. 9).

2 Avec une houe de jardinage ou tout autre instrument à long manche, tisonner la braise de manière à la répartir uniformément.

3 Pour vérifier si le barbecue a atteint une température élevée, faire le test décrit à la p. 10.

PRÉPARATION DES OIGNONS ET DE L'AIL

1 Enfiler les quartiers d'oignon sur de fines brochettes de bambou ou de longs cure-dents pour les empêcher de tomber pendant la cuisson. Les tranches doivent avoir 12 mm (½ po) d'épaisseur. On peut embrocher les oignons perlés entiers.

2 L'ail grillé est délicieux. Enfiler les gousses pelées sur des cure-dents. On peut aussi utiliser des bulbes non pelés coupés en deux.

TRUCS

- **Pour donner tout leur goût, les oignons doivent être coupés en quartiers ou en rondelles.**
- **Parce qu'il ne contient pas autant d'eau que l'oignon, l'ail doit être partiellement enveloppé dans du papier d'aluminium avant d'être grillé, ce qui l'empêchera de brûler.**
- **La grille à légumes est très utile pour griller les oignons. Préchauffez-la au moment d'allumer le gril et vaporisez-la ou brossez-la avec de l'huile avant d'y mettre les oignons.**

SUR LE GRIL : De haut en bas : oignons verts, échalotes rouges, oignons perlés, cipollinis, gousses d'ail (partiellement enveloppées dans l'aluminium), quartiers d'oignon, demi-bulbe d'ail et une tranche d'oignon vidalia. La grille à légumes est ici très utile.

Échalotes à la sauce crémeuse au parmesan

4 PORTIONS

Comme les oignons, les échalotes contiennent beaucoup de sucre et deviennent aussi savoureuses que du bonbon sur le gril. Leur saveur est plus complexe que celle des oignons et rappelle un je-ne-sais-quoi du poireau et de l'ail. J'aime servir les échalotes avec une sauce béchamel au parmesan pour faire un genre de gratin très personnel.

720 g (1 ½ lb) de grosses échalotes pelées

1 ½ c. à soupe d'huile d'olive extravierge

Gros sel de mer ou sel casher et poivre noir frais moulu

Sauce crémeuse au parmesan (voir page suivante)

1. Préparer le gril pour cuisson à chaleur directe (voir p. 10 pour cuisson au charbon de bois et p. 15 pour cuisson au gaz) et préchauffer à température moyenne-élevée.
2. Couper les échalotes en deux. Les mélanger avec l'huile dans un grand bol. Saler, poivrer et remuer.
3. Quand le gril est prêt, brosser et huiler la grille. Poser les moitiés d'échalote sur la grille et cuire environ 15 à 20 min, jusqu'à ce qu'elles soient colorées à l'extérieur et très tendres. Vérifier la cuisson avec une brochette ; on doit pouvoir percer les échalotes sans difficulté.
4. Servir les échalotes dans leur pelure, nappées de sauce crémeuse au parmesan. Déguster à l'aide d'une petite cuillère.

TRUC

- **Coupez les plus grosses échalotes en deux et déposez-les directement sur la grille. Enfilez les petites échalotes sur une brochette avant de les déposer sur la grille.**

Sauce crémeuse au parmesan

ENVIRON 250 ML (1 TASSE)

Cette béchamel est rehaussée de cayenne et enrichie de parmesan. Quand ma belle-fille Betsy, qui est diététicienne, est à la maison, je la prépare avec du lait écrémé. Quand elle n'est pas là, je prends de la crème légère ou un mélange de lait et de crème.

1 ½ c. à soupe de beurre salé

1 ½ c. à soupe de farine

250 ml (1 tasse) de lait écrémé, de lait entier ou de crème légère (ou un mélange)

40 à 60 g (⅓ à ½ tasse) de parmigiano reggiano frais râpé

Gros sel de mer ou sel casher et poivre blanc frais moulu

Une pincée de muscade fraîche râpée

Une petite pincée de cayenne

1. Faire fondre le beurre à feu moyen-vif dans une petite casserole à fond épais. Ajouter la farine et cuire environ 2 min, sans cesser de fouetter, jusqu'à ce que la préparation commence à bouillonner et que la farine perde son odeur crue. Ne pas laisser brunir.
2. Retirer la casserole du feu et incorporer le lait à l'aide d'un fouet. Remettre sur le feu et laisser mijoter de 3 à 5 min en fouettant souvent. La sauce épaissira après 1 min, mais la laisser cuire de 3 à 5 min pour qu'elle perde son goût de farine.
3. À feu doux, incorporer le parmesan et cuire, sans cesser de remuer, jusqu'à ce qu'il soit fondu. Ajouter le sel, le poivre, la muscade et le cayenne au goût. Ne pas servir cette sauce plus de 15 min après sa préparation. Conserver au chaud jusqu'au moment de servir.

Oignons au vinaigre balsamique et au miel

4 PORTIONS (À MOINS D'ÊTRE VRAIMENT AFFAMÉ)

NÉCESSAIRE : 4 feuilles de papier aluminium d'environ 25 cm (10 po), froissées et modelées pour former deux anneaux de 5 cm (2 po).

Dans cette recette, on fait réduire la marinade à base d'huile d'olive, de vinaigre balsamique et de miel pour obtenir une sauce épaisse et sirupeuse. Je vous assure sans la moindre prétention que vous vous apprêtez peut-être à déguster les meilleurs oignons de toute votre vie.

60 ml (1/4 tasse) d'huile d'olive extravierge

60 ml (1/4 tasse) de vinaigre balsamique

60 ml (1/4 tasse) de miel

Gros sel de mer ou sel casher et poivre noir frais moulu

2 gros oignons

1. Préparer le gril pour cuisson à chaleur indirecte (voir p. 12 pour cuisson au charbon de bois et p. 16 pour cuisson au gaz) et préchauffer à température moyenne-élevée.
2. Peler les oignons. Couper les extrémités et évider chaque oignon à une profondeur d'environ 2,5 cm (1 po). Placer les oignons, cavité vers le haut, sur les anneaux de papier d'aluminium afin de les stabiliser.
3. Mettre l'huile d'olive, le vinaigre et le miel dans un grand bol. Bien mélanger à l'aide d'un fouet. Saler et poivrer légèrement. À l'aide d'une cuillère, remplir chacune des cavités de ce mélange.
4. Quand le gril est prêt, brosser et huiler la grille. Placer les oignons au centre de la grille, loin de la chaleur, en prenant soin de ne pas renverser le mélange de vinaigre balsamique et miel. Fermer le couvercle et faire griller les oignons de 30 à 40 min, jusqu'à ce qu'ils prennent une coloration foncée et soient tendres en leur centre. Remplir la cavité des oignons du mélange de balsamique et de miel au fur et à mesure que le mélange est absorbé.
5. Servir les oignons avec leurs anneaux, arrosés du reste du mélange de balsamique et de miel.

TRUC

- **Les oignons les plus ordinaires conviennent bien pour cette recette. Les jaunes et les blancs que l'on utilise pour la cuisine de tous les jours sont parfaits. Pourquoi se casser la tête ?**

Oignons cuits dans l'âtre

Les oignons rôtis entiers dans l'âtre sont absolument exquis à cause du goût de feu et de fumée qui les imprègne. Vous pouvez choisir entre les deux méthodes suivantes. Choisir d'abord 4 beaux oignons et ne pas les éplucher.

1. Pour les faire rôtir dans la partie avant de l'âtre, fabriquer 4 bagues en papier d'aluminium ; ils serviront de socle pour maintenir les oignons en place. Les cercles doivent avoir 5 cm (2 po) de large. Couper un morceau de 1,25 cm (½ po) sur le dessus de chaque oignon et garder la racine intacte. Déposer les oignons sur les rondelles, partie coupée vers le fond. Déposer une noisette de beurre ou quelques gouttes d'huile d'olive sur le dessus de chaque oignon ; saler et poivrer généreusement. Mettre les oignons posés sur leur socle directement devant le feu, à environ 25 cm (10 po) de la braise. Faire rôtir de 12 à 15 min de chaque côté (48 à 60 min en tout), jusqu'à ce qu'ils soient tendres et que la pelure soit noircie, en prenant soin d'utiliser une pince pour les retourner.
2. Pour rôtir les oignons directement sur la braise, les garder entiers. Entasser de la braise dans l'âtre et déposer les oignons dessus. Recouvrir avec d'autre braise et de la cendre. Rôtir les oignons de 20 à 40 min, jusqu'à ce qu'ils soient tendres et que la pelure soit noircie.
3. J'aime servir ces oignons dans leur pelure brûlée. On peut aussi retirer la chair à l'aide d'une petite cuillère, comme on le fait pour un œuf à la coque. Je ne saurais trop insister pour recommander la Sauce crémeuse au parmesan (p. 105) en accompagnement. On peut aussi mélanger du vinaigre balsamique et du miel tel qu'indiqué à l'étape 1, porter à ébullition à feu moyen-vif et laisser bouillir pour réduire à 125 ml (½ tasse).

Méli-mélo d'oignons sur le gril

6 PORTIONS

NÉCESSAIRE : 12 brochettes de bambou longues et minces ou de cure-dents de bois, ou plus au besoin, trempés 1 h puis égouttés ; grille à légumes (facultatif).

960 g à 1,4 kg (2 à 3 lb) d'oignons variés de toutes les formes et de toutes les grosseurs : rouges, blancs, jaunes, verts, perlés, échalotes, ail, etc.

Environ 60 ml (¼ tasse) d'huile d'olive extravierge

Gros sel et poivre noir

Glace au miel et au vinaigre balsamique (ci-dessous)

2 c. à soupe de persil plat frais, émincé

3 c. à soupe de pignons, grillés (facultatif)

VARIANTE : Les oignons sont aussi délicieux rôtis entiers sur la braise. Achetez des oignons qui ont environ 6,25 à 9,75 cm (2 ½ à 3 ½ po) de largeur et faites-les rôtir de 20 à 30 min.

1. Si on utilise de gros oignons, les peler et les couper sur la longueur puis en quartiers ou en travers en tranches de 1,25 cm (½ po) d'épaisseur. Les enfiler sur les brochettes (étape 1, p. 103). Si on utilise de petits oignons comme les oignons perlés, les enfiler sur des cure-dents de bois ou des brochettes de bambou. Couper les échalotes en deux ; couper les oignons verts en deux sur la longueur. Couper les têtes d'ail en deux à l'horizontale. Si on utilise des gousses d'ail, les peler et les enfiler sur des cure-dents de bois. Badigeonner les gros oignons, les oignons perlés et les échalotes avec de l'huile. Les oignons verts et l'ail n'ont pas besoin d'être huilés. Saler et poivrer tous les oignons.
2. Préparer le gril pour cuisson à chaleur directe (voir p. 10 pour cuisson au charbon de bois et p. 15 pour cuisson au gaz) et préchauffer à température élevée. Si on utilise une grille à légumes, la préchauffer également.
3. Quand le gril est prêt, vaporiser ou badigeonner la grille à légumes ou brosser et badigeonner la grille du gril. Poser tous les oignons sur la grille chaude. Griller de 4 à 8 min de chaque côté, jusqu'à ce qu'ils brunissent (on peut même les laisser noircir un peu). Ajuster le temps de cuisson au besoin. Si certains oignons commencent à brûler, les déplacer sur une surface moins chaude du gril. On peut envelopper les gousses d'ail dans du papier d'aluminium pour les empêcher de brûler.
4. Mettre les oignons sur un plateau et retirer les brochettes. Arroser avec la glace au miel et au vinaigre balsamique et parsemer de persil et de pignons. Servir chaud ou à la température ambiante. On peut aussi griller les oignons et l'ail quelques heures à l'avance.

Glace au miel et au vinaigre balsamique

DONNE ENVIRON 125 ML (½ TASSE)

125 ml (½ tasse) de vinaigre balsamique

3 c. à soupe de miel

2 c. à soupe de sucre

1 ½ c. à soupe de sauce soja

1. Mettre tous les ingrédients dans une casserole à fond épais à l'épreuve de la corrosion et amener à ébullition sur feu moyen. Laisser mijoter de 6 à 8 min, jusqu'à consistance épaisse et sirupeuse. On doit obtenir environ 125 ml (½ tasse). La glace épaissira en refroidissant.

COMMENT RÔTIR *des patates douces sur la braise (et autres légumes-racines)*

SUR LA BRAISE ★ TEMPS DE CUISSON : 40 À 60 MIN

Bien avant l'invention du gril, nos ancêtres cuisaient leurs aliments directement sur la braise. Cette méthode de cuisson convient particulièrement bien aux légumes-racines tels que les pommes de terre, les patates douces, les ignames, les oignons et les betteraves. Quand vous faites cuire un aliment directement sur la braise, vous sacrifiez sa beauté, mais en contrepartie, sa chair s'imprégnera d'une saveur de fumée irrésistible. Les patates et les ignames ressortent de la braise plus légères et plus duveteuses, tandis que les betteraves et les oignons deviennent incroyablement sucrés.

PRÉPARATION DU GRIL

1 Pour préparer un barbecue au charbon de bois pour une cuisson à chaleur directe, allumer d'abord les charbons dans une cheminée d'allumage (voir p. 9).

2 Jeter les charbons qui ont été allumés dans la cheminée d'allumage au fond du barbecue.

3 Avec une houe de jardinage ou tout autre instrument à long manche, tisonner la braise de manière à la répartir uniformément.

PRÊTES POUR LE GRIL : Utiliser une pince pour mettre les patates sur la braise. On voit ici des ignames et des patates.

SUR LA BRAISE : Mettre les patates directement sur la braise que l'on prend soin de bien répartir tout autour. Quand la partie inférieure commence à noircir, les retourner avec une pince. La pelure sera complètement noire à la fin de la cuisson qui durera de 40 à 60 min.

TRUCS

- Les tubercules réduisent d'environ 20 % sur la braise. Choisissez-les gros et tous de même forme et de même grosseur pour qu'ils cuisent uniformément.
- Vous aurez évidemment besoin d'un barbecue alimenté au charbon de bois. Si vous avez un appareil alimenté au gaz, grillez les légumes dans leur pelure sur feu moyen-élevé jusqu'à ce que celle-ci soit noircie. La saveur ne sera pas aussi intéressante, mais ne vous en privez pas pour autant.
- Contrairement aux pommes de terre fumées de la p. 115, les patates et les ignames ne doivent pas être piquées avant la cuisson.

Patates douces rôties sur la braise avec beurre à l'érable et à la cannelle

4 PORTIONS

NÉCESSAIRE : Grand feu de bois ou de charbon de bois.

1 c. à café (1 c. à thé) de cannelle moulue

4 grosses patates douces ou ignames

6 c. à soupe (3/4 de bâtonnet) de beurre, à la température ambiante

1 c. à soupe de sirop d'érable

1. Préparer le beurre : Mettre le beurre dans un bol et le fouetter jusqu'à ce qu'il soit léger et duveteux. Incorporer le sirop et la cannelle sans cesser de fouetter. (On peut aussi utiliser le mélangeur ou le robot de cuisine au lieu du fouet.) Transvider dans un bol ou dans 4 ramequins et garder dans le réfrigérateur jusqu'au moment de servir.
2. Voir instructions de la p. 109 pour préparer le feu et laisser brûler jusqu'à ce que les charbons soient brûlants. Poser les patates douces sur la braise. Avec une pince ou une binette, ramener les charbons trop éloignés autour des patates douces.
3. Faire rôtir les patates douces de 40 à 60 min, jusqu'à ce que la pelure soit noircie et que le centre soit doux et gonflé de vapeur. Retourner les patates de temps à autre avec une pince pour obtenir une cuisson uniforme. Vérifier la cuisson à l'aide d'une brochette métallique mince ; elle doit pouvoir être insérée facilement.
4. Enlever les patates douces de la braise avec une pince et les brosser avec un pinceau à pâtisserie pour enlever la cendre. Laisser reposer quelques minutes, puis les couper en deux sur la longueur. Les dresser sur un plateau ou sur des assiettes. Servir les patates douces dans leur pelure avec du beurre à l'érable et à la cannelle. Ne manger que la chair et non pas la pelure.

POURQUOI PAS ? Essayez cette technique de cuisson avec n'importe quel légume rond riche en amidon ou à pelure épaisse. Pommes de terre pour cuisson au four, oignons et betteraves sont ici tout désignés. Vous pouvez varier l'assaisonnement pour le beurre. Les pommes de terre se marient bien au parmesan (remplacez le sirop d'érable et la cannelle par du parmesan fraîchement râpé et du poivre noir), les oignons adorent le vinaigre balsamique et le roquefort aime les betteraves.

Patates douces frottées au piment chili

4 PORTIONS

NÉCESSAIRE : 1 ½ tasse de copeaux de bois (hickory ou chêne de préférence) trempés 1 h dans suffisamment d'eau froide puis égouttés.

Quand on devient un adepte des grillades, tout y passe, y compris les patates douces. La chaleur lente permet d'obtenir une pelure croustillante et une chair exceptionnellement crémeuse.

1 c. à soupe d'assaisonnement au chili

2 c. à café (2 c. à thé) de gros sel de mer ou de sel casher

1 c. à café (1 c. à thé) de poivre noir frais moulu

1 c. à café (1 c. à thé) de cumin moulu

¼ c. à café (¼ c. à thé) de cannelle moulue

4 patates douces (720 g/1 ½ lb en tout)

2 c. à soupe d'huile d'olive extravierge (ou de beurre fondu)

Huile de cuisson en vaporisateur

1. Préparer le gril pour cuisson à chaleur indirecte (voir p. 12 pour cuisson au charbon de bois et p. 16 pour cuisson au gaz) et préchauffer à température moyenne. Si on a un appareil alimenté au gaz, mettre les copeaux de bois dans le bac à copeaux (voir p. 17) et préchauffer jusqu'à ce qu'une fumée commence à se dégager.
2. Dans un grand bol, mélanger l'assaisonnement au chili, le sel, le poivre, le cumin et la cannelle.
3. Brosser les patates douces à l'eau froide et les éponger avec du papier absorbant. Badigeonner complètement d'huile d'olive avant de les mettre dans le bol contenant les assaisonnements. Bien remuer pour les enrober uniformément.
4. Quand le gril est prêt, brosser et huiler la grille. Jeter les copeaux de bois de part et d'autre sur la braise si on a un barbecue au charbon de bois Déposer les patates au centre de la grille, loin de la chaleur, et fermer le couvercle. Cuire environ 40 min, jusqu'à ce qu'elles soient croustillantes et dorées à l'extérieur et tendres à l'intérieur. Pour vérifier la cuisson, insérer une brochette dans une patate ; on doit pouvoir la percer sans difficulté.
5. Servir immédiatement dans un plat ovale ou des assiettes individuelles.

VARIANTES : Le parmesan met hautement en valeur le bon goût de la patate douce. Mettre 60 g (½ tasse) de parmesan râpé finement dans un bol large et peu profond. Badigeonner 4 patates douces longues et minces avec 2 c. à soupe de beurre fondu. Assaisonner avec du gros sel et du poivre noir frais moulu. Rouler les patates dans le parmesan en les enrobant uniformément. Suivre ensuite les étapes 3 et 4 de la recette.

COMMENT RÔTIR *et fumer des pommes de terre*

CUISSON À CHALEUR INDIRECTE ★ TEMPS DE CUISSON : 1 À 1 ¼ H

Si vous aimez les pommes de terre cuites au four, vous adorerez cette technique de cuisson. Vous ne pourrez plus vous passer de ce plat irrésistible. La chaleur élevée et sèche du gril leur donne une pelure croustillante et une pulpe duveteuse comme si elles avaient été cuites à la vapeur. La chair délicate s'imprègne d'une saveur de fumée qui lui confère un caractère surprenant. Servez ces pommes de terre avec les accompagnements traditionnels : beurre, crème sure et ciboulette fraîche hachée. Vous n'aurez même pas besoin de servir un mets principal pour satisfaire vos invités

POURQUOI PAS ? Les patates douces et les oignons peuvent être rôtis dans leur pelure de la même manière pendant environ 1 h.

PRÉPARATION DU GRIL

1 Pour préparer un barbecue au charbon de bois pour fumer des aliments, allumer d'abord les charbons dans une cheminée d'allumage (voir p. 9).

2 Placer une lèchefrite au centre du gril et répartir la braise uniformément de part et d'autre du gril.

3 Mettre 1 tasse de copeaux de bois égouttés sur chacun des tas de braises.

PRÉPARATION DES POMMES DE TERRE

1 Piquer chaque pomme de terre environ 6 fois avec une fourchette en enfonçant les dents à 6 mm (¼ po) de profondeur. Cela permettra aux pommes de terre de mieux s'imprégner de fumée et les empêchera d'exploser en cours de cuisson.

2 Badigeonner les pommes de terre avec du beurre. Saler et poivrer généreusement.

SUR LE GRIL : Laisser les pommes de terre sur le gril de 1 h à 1 ¼ h, jusqu'à ce qu'elles soient très tendres. La pelure sera ridée. Si on utilise un barbecue au charbon de bois, on devra peut-être ajouter des copeaux de bois après 1 h de cuisson.

Pommes de terre fumées

4 PORTIONS

NÉCESSAIRE : 2 à 3 tasses de copeaux de bois (hickory ou chêne de préférence) trempés 1 h dans suffisamment d'eau froide puis égouttés.

POMMES DE TERRE

4 grosses de terre pour cuisson au four (idaho de préférence)

2 à 3 c. à soupe de beurre fondu

Gros sel et poivre noir

POUR LE SERVICE

2 c. à soupe d'oignons verts, hachés

Beurre

Crème sure

120 g (4 oz) de cheddar fumé, râpé

Oignons verts entiers, grillés (facultatif)

Paprika fumé, au goût

SAUCE : Vous pouvez servir cette recette avec le Beurre d'ail aux fines herbes (voir p. 176), le Beurre d'estragon (voir p. 176) ou la Sauce barbecue sucrée et fumée de Kansas City (voir p. 206).

1. Préparer le gril pour cuisson à chaleur indirecte (voir p. 12 pour cuisson au charbon de bois et p. 16 pour cuisson au gaz) et préchauffer à température élevée. Si on a un appareil alimenté au gaz, mettre les copeaux de bois dans le bac à copeaux ou la papillote à copeaux (voir p. 17) et préchauffer jusqu'à ce qu'une fumée commence à se dégager.
2. Piquer les pommes de terre (voir étape 1, p. 114). Les badigeonner ou les frotter avec du beurre fondu. Saler et poivrer généreusement.
3. Quand le gril est prêt, jeter 2 tasses de copeaux de bois sur la braise si on a un barbecue au charbon de bois. Poser les pommes de terre au centre de la grille, loin de la chaleur, et fermer le couvercle. Compter de 1 h à 1 ¼ h de cuisson. Les pelures doivent être croustillantes et la chair bien cuite. On doit pouvoir percer facilement les pommes de terre avec une brochette métallique. Si on a un appareil alimenté au charbon, ajouter 12 nouveaux charbons et ½ tasse de copeaux de bois de part et d'autre du gril si, après 1 h de cuisson, les pommes de terre sont encore dures au centre.
4. Mettre les pommes de terre dans un plat de service. Parsemer de fromage et d'oignons verts et saupoudrer de paprika fumé, au goût. Servir avec de la crème sure et du beurre.

VARIANTE : Vous pouvez aussi faire rôtir les pommes de terre en les cuisant dans le fumoir à 107 °C (225 °F) de 2 ½ à 3 h.

TRUCS

- **Vous devez acheter des pommes de terre pour cuisson au four. Leur amidon rend leur chair plus légère et duveteuse. Préférez-les aux pommes de terre à bouillir dont la pelure est aussi plus mince. La pomme de terre yukon gold est aussi recommandée pour ce mode de cuisson.**
- **Vous pouvez badigeonner les pommes de terre avec du beurre fondu.**
- **N'enveloppez surtout pas les pommes de terre dans du papier d'aluminium ; il est important qu'elles soient touchées par la fumée.**

Pommes de terre cuites sous la cendre

4 PORTIONS

Jadis, le foyer était au cœur de la vie familiale. Il servait de source de lumière et de chaleur et on y faisait cuire des plats savoureux. Les pommes de terre et les autres racines comestibles cuites sous la cendre faisaient partie de l'alimentation quotidienne. Au-delà du romantisme, ce mode de cuisson présente deux grands avantages : le feu imprègne les aliments d'un bon goût fumé en plus de donner aux légumes une consistance incroyablement douce et crémeuse. Pour cette recette, il vous faudra cuire les pommes de terre sur un barbecue à charbon de bois ou directement dans l'âtre (voir Note).

4 grosses pommes de terre pour cuisson au four de 360 à 420 g (12 à 14 oz) chacune

Beurre doux ou huile d'olive extravierge

Crème sure ou crème fraîche

Ciboulette fraîche, hachée finement

Gros sel et poivre noir frais moulu

CENDRE

Une pelle pour l'âtre, pinceau en soies de porc

1. Voir les instructions de la p. 109 pour préparer le feu et laisser brûler jusqu'à ce que les charbons soient ardents.
2. Brosser les pommes de terre à l'eau froide et bien éponger avec du papier absorbant. Piquer chacune quelques fois à l'aide d'une fourchette. Badigeonner les pommes de terre avec du beurre ou de l'huile d'olive. Saler et poivrer.
3. Quand on est prêt pour la cuisson, râteler une couche de braise de 2,5 cm (1 po) d'épaisseur. À l'aide de la pelle, mettre une couche de 2,5 cm (1 po) de cendre par-dessus. Placer les pommes de terre sur la cendre. À l'aide de la pelle, couvrir les pommes de terre avec une couche de 2,5 cm (1 po) de cendre et une couche de 2,5 cm (1 po) de braise. Rôtir les pommes de terre de 40 à 60 min, jusqu'à ce qu'elles soient cuites au goût. On doit pouvoir les percer facilement avec une brochette.
4. Mettre le beurre, la crème et la ciboulette dans des petits bols et réserver.
5. À l'aide de la pelle, débarrasser les pommes de terre de la braise et de la cendre qui les recouvrent. Les retirer à l'aide d'une pince en secouant le surplus de cendre. Mettre les pommes de terre dans un plat résistant à la chaleur. À l'aide du pinceau, enlever toute la cendre restante. Pratiquer une incision sur le dessus des pommes de terre et les presser sur les côtés pour qu'elles s'ouvrent. Garnir au goût avec le beurre, la crème et la ciboulette. Saler et poivrer.

VARIANTE : Les patates douces et les gros oignons sont aussi délicieux cuits de cette manière. Et pourquoi pas les bananes plantains vertes ? Comptez de 40 à 60 min de cuisson dans tous les cas.

NOTE : Il existe deux façons de rôtir les légumes-racines dans l'âtre : sur la braise et sous la cendre. La différence entre les deux méthodes est semblable à celle entre la cuisson directe et la cuisson indirecte. La cuisson sur la braise peut être comparée à la cuisson directe (idéale pour les oignons) et la cuisson sous la cendre à la cuisson indirecte (parfaite pour les pommes de terre). La cendre sert d'isolant et empêche la braise de brûler la pelure. Gardez toujours un seau métallique de cendre en prévision de vos prochaines expériences culinaires dans l'âtre.

Salade de pommes de terre à la mode péruvienne (papas a la huancaina)

4 PORTIONS

NÉCESSAIRE : 1 ½ tasse de copeaux de bois (hickory ou chêne de préférence) trempés 1 h dans suffisamment d'eau froide puis égouttés.

Ces pommes de terre à la mode de Huancayo, une ville située à l'est de Lima, vous permettront de faire la meilleure salade de pommes de terre au monde. Ne soyez pas étonné ! Le Pérou est le pays d'origine de la pomme de terre et on y trouve plus de 200 variétés. La sauce crémeuse, piquante et épicée à base de fromage blanc salé et de piment donne son caractère unique à cette recette. Je prends le temps de fumer les pommes de terre, ce qui donne lieu à une juxtaposition extraordinaire de saveurs et de textures.

Huile de cuisson en vaporisateur (facultatif)

720 g (1 ½ lb) de pommes de terre nouvelles miniatures blanches ou rouges (voir Note), rincées, brossées et essuyées avec du papier absorbant

2 c. à café (2 c. à thé) d'huile d'olive extravierge

Gros sel de mer ou sel casher et poivre noir frais moulu

1 œuf, cuit dur et écalé

180 g (6 oz) de fromage queso blanco (voir Trucs) ou 90 g (3 oz) de cheddar blanc + 90 g (3 oz) de munster, en cubes de 1,25 cm (½ po)

1 à 2 c. à café (1 à 2 c. à thé) de aji amarillo moulu (voir Trucs), 2 à 4 aji amarillo en pot ou congelés, 2 à 3 c. à café (2 à 3 c. à thé) de pâte d'aji amarillo ou 1 c. à café (1 c. à thé) de paprika fort ou fumé

1 c. à soupe de jus de citron frais pressé, ou plus au goût

¼ c. à café (¼ c. à thé) de curcuma moulu (deux fois plus si l'on utilise du paprika)

125 ml (½ tasse) de lait concentré

60 ml (¼ tasse) d'huile de colza (canola)

4 feuilles de laitue Boston

40 g (¼ tasse) d'olives noires

1. Préparer le gril pour cuisson à chaleur indirecte (voir p. 12 pour cuisson au charbon de bois et p. 16 pour cuisson au gaz) et préchauffer à température moyenne-élevée. Si on a un appareil alimenté au gaz, mettre les copeaux de bois dans le bac à copeaux (voir p. 17) et préchauffer jusqu'à ce qu'une fumée commence à se dégager.
2. Brosser les pommes de terre à l'eau froide et couper les parties flétries. Éponger avec du papier absorbant. Mettre les pommes de terre dans un grand bol et les mélanger avec l'huile d'olive, le sel et le poivre.
3. Quand le gril est prêt, brosser et huiler la grille. Jeter les copeaux de bois de part et d'autre sur la braise si on a un barbecue au charbon de bois. Placer les pommes de terre en une seule couche dans une poêle en fonte ou une lèchefrite en aluminium. Fermer le couvercle et cuire environ 40 min, jusqu'à ce que les pommes de terre soient dorées et tendres. Remuer deux ou trois fois pendant la cuisson pour obtenir une coloration uniforme. On doit pouvoir les percer sans difficulté avec un couteau. Retirer les pommes de terre et laisser refroidir sur une grille.
4. Couper l'œuf en tranches de 6 mm (¼ po). Dans le mélangeur ou le robot de cuisine, réduire en purée onctueuse l'œuf, le fromage, l'aji amarillo, le jus de citron, le curcuma, le lait concentré et l'huile de colza. Ajouter du jus de citron si nécessaire, puis saler et poivrer au goût. Cette sauce doit être bien assaisonnée.
5. Tapisser un plat ovale ou 4 assiettes individuelles avec les feuilles de laitue. Poser les pommes de terre fumées sur le dessus et napper avec la sauce. Garnir d'olives et servir immédiatement.

NOTE : Les pommes de terre doivent avoir 4 cm (1 ½ po) de diamètre. Si les vôtres sont trop grosses, coupez-les simplement en deux ou en quatre.

TRUCS

- **Le *queso blanco* est un fromage blanc salé vendu dans les épiceries hispaniques et un nombre croissant de supermarchés. Pour obtenir un goût similaire, mélanger du cheddar blanc ou de la feta avec du munster.**
- **L'aji amarillo est un piment jaune typique de la cuisine péruvienne. On l'achète séché, moulu, en purée ou entier en pot. On peut en trouver dans les épiceries hispaniques. À défaut de ce piment au goût remarquable, on peut faire un mélange de paprika fort ou fumé et de curcuma moulu.**

Pommes de terre nouvelles au romarin et à l'ail

4 PORTIONS

J'ai longtemps été un adepte de la cuisson des pommes de terre au gril. Pour la cuisson en plein air, il faut opter pour la méthode indirecte en les faisant cuire près du feu et non pas directement au-dessus. Elles seront savoureuses, croustillantes à l'extérieur et crémeuses à l'intérieur.

720 g (1 ½ lb) de pommes de terre rouges miniatures

2 gousses d'ail, émincées

3 c. à soupe de romarin frais, haché ou 1 ½ c. à café (1 ½ c. à thé) de romarin séché

Gros sel de mer ou sel casher et poivre noir frais moulu

2 c. à soupe d'huile d'olive extravierge

1. Brosser les pommes de terre à l'eau froide et couper les parties flétries. Éponger avec du papier absorbant et déposer dans un grand bol. Ajouter l'ail, le romarin, le sel et le poivre. Remuer à l'aide d'une cuillère de bois pour bien enrober les pommes de terre. Ajouter l'huile et remuer. Couvrir et laisser mariner de 5 min à 6 h dans le réfrigérateur.
2. Préparer le gril pour cuisson à chaleur indirecte (voir p. 12 pour cuisson au charbon de bois et p. 16 pour cuisson au gaz) et préchauffer à température moyenne-élevée.
3. Quand le grill est prêt, brosser et huiler la grille. Placer les pommes de terre en une seule couche dans une poêle en fonte ou une lèchefrite en aluminium. Fermer le couvercle et cuire environ 40 min, jusqu'à ce que les pommes de terre soient dorées et tendres. Remuer deux ou trois fois pendant la cuisson pour obtenir une coloration uniforme. Vérifier la cuisson à l'aide d'une broche ; on doit pouvoir percer la chair facilement.
4. Servir dans un plat ovale ou des assiettes individuelles.

TRUCS

- **Vous pouvez cuire les pommes de terre immédiatement, mais pourquoi ne pas les laisser mariner dans l'ail et le romarin de 4 à 6 h ? Quel merveilleux parfum !**
- **Vous obtiendrez des pommes de terre d'un goût incomparable, en ajoutant 225 g (1 tasse) de copeaux de bois préalablement mis à tremper, aux braises avant de commencer la cuisson. (voir p. 113)**

COMMENT GRILLER *des portobellos*

CUISSON À CHALEUR DIRECTE ★ TEMPS DE CUISSON : 7 À 9 MIN
PRÉPARATION À L'AVANCE : 30 MIN À 3 H POUR MARINER LES CHAMPIGNONS

Le portobello est considéré comme le bifteck du royaume des légumes. Il ressemble vraiment à un bifteck, il couvre à merveille toute la surface d'un petit pain à hamburger et, une fois grillé, il a un peu le goût de la viande. Si vous deviez choisir un champignon pour le gril parmi toutes les variétés qui existent, ça devrait être celui-là. Son large chapeau tient bien sur la grille et ses lamelles absorbent facilement le goût de la fumée. Les portobellos contenant moins d'eau que la plupart des autres champignons, ils supportent bien la chaleur du gril. Leur grande taille permet de les parsemer avec de l'ail et d'autres assaisonnements.

PRÉPARATION DU GRIL

1 Pour préparer un barbecue au charbon de bois pour une cuisson à chaleur directe, allumer d'abord les charbons dans une cheminée d'allumage (voir p. 9).

2 Avec une houe de jardinage ou tout autre instrument à long manche, tisonner la braise de manière à la répartir uniformément.

3 Pour vérifier si le barbecue a atteint une température élevée, faire le test décrit à la p. 10.

PRÉPARATION DES PORTOBELLOS

1 Avec un petit couteau bien affûté, enlever les pieds des champignons.

2 Essuyer les portobellos avec un papier essuie-tout humide. Ne pas les laver à l'eau froide.

3 Avec un objet pointu comme la pointe d'une brochette métallique ou d'une baguette effilée, faire des petits trous à intervalle de 1,25 cm (½ po) dans les lamelles des chapeaux de champignons. Insérer des morceaux d'ail et de fromage, des feuilles de romarin et des pignons dans ces incisions.

4 Verser un peu de marinade au fond d'un plat de cuisson. Dresser les champignons dans le plat, lamelles vers le haut, et arroser avec le reste de la marinade.

SUR LE GRIL : Commencer par griller les champignons 3 min, lamelles tournées vers le bas.

Retourner les champignons pour que les lamelles soient vers le haut. Verser la marinade réservée sur le dessus. Cuire de 4 à 6 min.

TRUC

- Pour faire ressortir le goût des champignons au maximum, faites-les griller de tous les côtés. Cela peut toutefois être compliqué dans certains cas. Par exemple, si vous retournez un portobello sur le gril, vous risquez de perdre la marinade. Ma solution consiste à égoutter la marinade, à saisir les portobellos sur le gril, lamelles tournées vers le bas, puis à les retourner ensuite en les nappant avec la marinade restante. Ils seront alors bien imprégnés du goût de la fumée et resteront humides et juteux.

Portobellos à l'ail, au parmesan et aux pignons

4 PORTIONS

4 gros portobellos de 240 à 300 g (8 à 10 oz) chacun

2 grosses gousses d'ail, coupées finement sur la longueur

30 g (1 oz) de romano, de parmigiano reggiano ou d'un autre fromage semblable, coupé en lamelles

Feuilles d'un brin de romarin frais, ou 2 c. à café (2 c. à thé) de romarin séché

2 c. à soupe de pignons

125 ml (½ tasse) + 2 c. à soupe de vinaigre balsamique

½ c. à café (½ c. à thé) de gros sel

½ c. à café (½ c. à thé) de poivre noir

300 ml (1 ⅓ tasse) d'huile d'olive extravierge, ou plus au besoin

12 feuilles de basilic frais, coupées finement

1. Enlever les pieds des champignons (étape 1, p. 123). Avec un papier essuie-tout humide, bien essuyer les chapeaux. Avec un objet pointu, faire des petits trous dans les champignons (étape 3, p. 123). Insérer des petits morceaux d'ail dans quelques trous, du fromage, des feuilles de romarin et des pignons dans les autres incisions.
2. Dans un bol à l'épreuve de la corrosion, mélanger 125 ml (½ tasse) de vinaigre, le sel et le poivre. Fouetter jusqu'à dissolution du sel. Ajouter l'huile et le basilic sans cesser de fouetter. Verser un peu de ce mélange au fond d'un plat de cuisson à l'épreuve de la corrosion et dresser les champignons par-dessus, lamelles tournées vers le haut. Remuer les champignons légèrement, mais sans les retourner, pour qu'ils s'imprègnent bien de la sauce qui est au fond du plat. Verser le reste de la marinade sur le dessus. Couvrir et laisser mariner de 30 min à 3 h dans le réfrigérateur.
3. Préparer le gril pour cuisson à chaleur directe (voir p. 10 pour cuisson au charbon de bois et p. 15 pour cuisson au gaz) et préchauffer à température élevée.
4. Quand le gril est prêt, enlever les chapeaux de la marinade. Égoutter la marinade si le basilic semble fané. Fouetter le vinaigre restant avec la marinade. Poser les chapeaux sur la grille chaude, lamelles tournées vers le bas. Griller 3 min, retourner les champignons puis les arroser avec un peu de marinade. Griller de 4 à 6 min, jusqu'à ce qu'ils soient tendres et brunis. Faire pivoter de 45 degrés après 2 min pour obtenir un quadrillage décoratif. Si les chapeaux brunissent trop vite, réduire la température ou les déplacer sur une surface moins chaude du gril. Servir sur des assiettes ou sur un plateau et déguster immédiatement.

SAUCE : Vous pouvez servir cette recette avec le Beurre à l'oignon et au cari (voir p. 180), la Sauce vadrouille classique (voir p. 184), le Chimichurri (voir p. 191), la Sauce au raifort et aux fines herbes (voir p. 202) ou la Sauce barbecue blanche (voir p. 205).

VARIANTES : On peut parsemer les champignons avec plusieurs ingrédients différents, zeste de citron, olives, amandes, etc. Les marinades peuvent aussi être variées à l'infini. Remplacez l'huile d'olive par de l'huile de noix ou de noisette. Essayez de farcir les portobellos avec du gingembre, de l'ail et des oignons verts et servez-les avec une marinade à base d'huile de sésame orientale (foncée), de sauce soja et de mirin (ou de xérès).
Badigeonnez les champignons de beurre fondu et assaisonnez-les de Sel à frotter barbecue (p. 185). Au cours des dernières minutes de cuisson, enduisez-les de Sauce barbecue classique (p. 182). Coupez les portobellos en fines tranches diagonales comme vous le feriez pour un morceau de bœuf.

Champignons au sésame, au soja et à l'ail à la mode coréenne

4 PORTIONS

4 portobellos moyens ou autres champignons à large chapeau de 150 à 240 g (5 à 8 oz) et de 12 cm (5 po) de large chacun

2 oignons verts (le blanc et le vert), émincés

125 ml (½ tasse) de sauce soja

80 ml (⅓ tasse) de saké ou de cream sherry

5 c. à soupe d'huile de sésame orientale (foncée)

60 g (¼ tasse) de sucre

3 gousses d'ail, émincées

2 c. à soupe de graines de sésame (facultatif)

1 c. à café (1 c. à thé) d'assaisonnement au chili coréen ou de paprika fort (facultatif)

½ c. à café (½ c. à thé) de poivre noir frais moulu

1. Préparer le gril pour cuisson à chaleur directe (voir p. 10 pour cuisson au charbon de bois et p. 15 pour cuisson au gaz) et préchauffer à température moyenne-élevée.
2. À l'aide d'un couteau bien affûté, enlever les pieds des champignons. Essuyer les chapeaux avec du papier absorbant (ne pas les rincer sinon ils deviendraient spongieux). Mettre les chapeaux dans un plat de cuisson juste assez large pour les contenir ou dans un sac de plastique à fermeture hermétique.
3. Réserver 2 c. à soupe des oignons verts pour garnir.
4. Mettre les oignons verts restants, la sauce soja, le saké, l'huile de sésame, le sucre, l'ail, des graines de sésame, l'assaisonnement au chili et le poivre dans un plat de cuisson. Fouetter jusqu'à dissolution du sucre et verser sur les champignons. Couvrir et laisser mariner dans le réfrigérateur de 4 à 6 h en les remuant à quelques reprises pendant cette période.
5. Égoutter les champignons et verser la marinade dans une casserole à fond épais. Porter à ébullition à feu vif et laisser bouillir de 3 à 5 min, jusqu'à ce qu'elle soit sirupeuse et réduite du tiers pour faire une sauce.
6. Quand le gril est prêt, brosser et huiler la grille. Déposer les champignons sur la grille chaude. Compter de 4 à 6 min de cuisson de chaque côté pour que les champignons soient colorés et tendres.
7. Transvider les champignons dans un plat ovale ou des assiettes individuelles. Napper de sauce, couvrir avec les oignons verts et servir immédiatement.

TRUC

- **Je vous recommande des portobellos pour cette recette parce que j'aime leur allure généreuse. Mais vous pouvez aussi faire mariner et griller n'importe quelle variété de champignons de la même manière. Achetez-en environ 720 g (1½ lb).**

COMMENT GRILLER *des poivrons*

CUISSON À CHALEUR DIRECTE ★ TEMPS DE CUISSON : 16 À 24 MIN

Il est difficile d'imaginer un monde sans poivrons grillés ! Quoi de meilleur pour les antipasti, les salades, les sauces, les soupes et les sandwiches ? Les recettes traditionnelles font appel aux poivrons grillés au four, mais il est beaucoup plus facile de les rôtir directement sur le gril. Il y a trois aliments que vous pouvez vous permettre de brûler sur le gril et les poivrons sont de ceux-là. (Les deux autres sont l'aubergine et la patate douce.) Les poivrons noircis sont plus sucrés. Servez-les avec quelques gouttes d'huile d'olive ou en salade.

SUR LE GRIL : Mettre les poivrons sur le gril et les griller de 4 à 6 min de chaque côté, jusqu'à ce que la pelure soit noircie. Retourner les poivrons avec une pince pour les griller uniformément sur toutes les faces.

PRÉPARATION DU GRIL

1 Pour préparer un barbecue au charbon de bois pour une cuisson à chaleur directe, allumer d'abord les charbons dans une cheminée d'allumage (voir p. 9).

2 À l'aide d'une houe de jardinage, ou de tout autre instrument à long manche, tisonner la braise de manière à la répartir uniformément.

3 Pour vérifier si le barbecue a atteint une température élevée, faire le test décrit à la p. 10.

TRUCS

- La manière traditionnelle de griller les poivrons est de faire noircir leur pelure au maximum puis de les peler. Même si leur goût fumé est insurpassable, l'opération est très salissante et plutôt longue. Quand je suis pressé, il m'arrive de griller les poivrons jusqu'à ce que la pelure soit dorée sans être noire. Je les sers alors entiers sans les peler. Les poivrons cuits ainsi permettent de composer un plat d'accompagnement très simple et absolument délicieux.
- La vapeur aide à détacher la peau grillée du poivron de la pulpe. Pour les peler plus facilement, mettez les poivrons grillés encore chauds dans un plat de cuisson et couvrez-le de pellicule plastique, ce qui créera de la vapeur. Vous pouvez aussi envelopper chaque poivron dans du papier essuie-tout humide.
- Vous pouvez griller des poivrons de toutes les couleurs : verts, rouges, jaunes, etc. Essayez également les piments chilis à la manière des Mexicains, qui les préparent ensuite en salsa.

PELER LES POIVRONS

1 Mettre les poivrons chauds dans un plat de cuisson et couvrir avec de la pellicule plastique. Laisser reposer 20 min.

2 Avec les doigts ou un couteau bien affûté, arracher ou gratter la peau des poivrons. Ne pas s'inquiéter s'il en reste un peu. Des petites taches brûlées donneront du caractère à votre plat.

3 Couper et jeter le pédoncule.

4 Ouvrir les poivrons complètement pour les épépiner et les déveiner.

Salade de poivrons grillés

6 À 8 PORTIONS

POIVRONS

2 poivrons rouges

2 poivrons jaunes

2 poivrons verts

VINAIGRETTE

1 gousse d'ail, hachée

½ c. à café (½ c. à thé) de gros sel, ou plus au goût

1 c. à soupe de vinaigre balsamique

1 c. à soupe de jus de citron

4 c. à soupe d'huile d'olive extravierge

2 c. à soupe de persil plat frais, émincé ou de basilic frais coupé

2 c. à soupe de pignons grillés

1. Préparer le gril pour cuisson à chaleur directe (voir p. 10 pour cuisson au charbon de bois et p. 15 pour cuisson au gaz) et préchauffer à température élevée.
2. Mettre tous les poivrons sur la grille et griller de 4 à 6 min de chaque côté (16 à 24 min en tout), jusqu'à ce que la peau soit noircie sur toutes les faces. Utiliser une pince pour les retourner. Dresser dans un plat de cuisson et couvrir de pellicule plastique. On peut aussi envelopper chaque poivron séparément dans du papier essuie-tout humide. La vapeur ainsi formée permettra de mieux les peler par la suite. Laisser refroidir environ 20 min à la température ambiante.
3. Pendant ce temps, préparer la vinaigrette. Mettre l'ail et le sel dans un bol à l'épreuve de la corrosion et réduire en purée avec une cuillère de bois. Ajouter le vinaigre et le jus de citron et fouetter jusqu'à dissolution du sel. Ajouter l'huile, le persil et les pignons sans cesser de fouetter.
4. Avec la pointe d'un couteau bien affûté, gratter la peau noircie des poivrons pour bien la détacher de la pulpe (voir étapes 2 à 4 p. 129). Couper les poivrons en lamelles ou en quartiers et les mettre sur un plateau en faisant alterner les différentes couleurs. Remuer la vinaigrette et la verser sur les poivrons. Servir immédiatement ou laisser reposer quelques heures pour permettre aux différentes saveurs de bien se mélanger.

VARIANTES : Pour faire des poivrons grillés à la mode argentine, au lieu de préparer la vinaigrette, badigeonnez les poivrons avec de l'huile d'olive et couvrez-les d'ail émincé, de sel et de poivre avant de les griller. Faites-les griller jusqu'à ce que la peau soit d'un beau brun doré. Servez-les entiers et invitez vos convives à les peler eux-mêmes.

Pour faire des piments grillés à la mode turque, enfilez sur des brochettes métalliques des piments forts longs et minces. Faites-les griller de chaque côté jusqu'à ce qu'ils soient d'une belle couleur brun foncé. Servez-les avec de l'agneau ou du bœuf grillé. Les chefs japonais ont l'habitude de préparer les piments de cette manière.

Poivrons grillés à la mode de Buenos Aires

4 PORTIONS

Il n'y a rien de tel que le gril pour faire ressortir le goût naturellement sucré du poivron et l'imprégner d'un arôme enivrant de fumée. Les maîtres grillardins du Japon, de Turquie, d'Italie et d'Argentine sont sûrement d'accord avec moi. Le poivron rouge est très apprécié à Buenos Aires, où on aime le faire griller au-dessus de charbons ardents et le servir en toute simplicité, debout sur son pédoncule avec une giclée d'huile d'olive et un soupçon d'ail. Certains amateurs préfèrent le déguster nature, sans autre assaisonnement.

4 gros poivrons rouges
2 c. à soupe d'huile d'olive extravierge
1 à 2 gousses d'ail, émincées
Gros sel de mer ou sel casher et poivre noir frais moulu

1. Préparer le gril pour cuisson à chaleur directe (voir p. 10 pour cuisson au charbon de bois et p. 15 pour cuisson au gaz) et préchauffer à température élevée.
2. Quand le gril est prêt, brosser et huiler la grille. Déposer les poivrons sur la grille chaude. Compter de 3 à 5 min de cuisson de chaque côté (12 à 20 min en tout) et de 1 à 2 min pour le dessus et pour le dessous. Faire d'abord griller les 4 côtés, puis le dessus et le dessous. Utiliser une pince pour les retourner en cours de cuisson. La peau des poivrons doit être brun foncé sur toutes les faces. Il n'est pas nécessaire de brûler la pelure pour pouvoir la retirer facilement.
3. Mettre les poivrons dans un plat ovale. Arroser avec un peu d'huile d'olive et parsemer d'ail. Saler et poivrer au goût. Servir les poivrons chauds. On les évidera et on les épépinera à table.

VARIANTE : Pour une présentation plus élaborée, faites griller les poivrons jusqu'à ce qu'ils soient complètement noircis. Laissez-les reposer quelques minutes et pelez-les. Coupez-les en deux, enlevez le pédoncule, le centre et les graines. Coupez-les ensuite en lanières de 2,5 cm (1 po) et déposez-les dans un plat ovale. Arrosez-les d'huile d'olive, salez et poivrez. Ajoutez quelques dés d'anchois. Essayez des poivrons de différentes couleurs. Servez-les chauds ou à température ambiante.

Polenta en croûte de parmesan

4 PORTIONS

La polenta est une bouillie de semoule de maïs fort populaire en Italie. Si vous pensez que cela est trop ordinaire, attendez de goûter à la polenta grillée. Autrefois, il fallait avoir un bras de fer pour remuer longuement la polenta. Si on la faisait griller, il fallait attendre une demi-journée pour qu'elle refroidisse. De nos jours, on peut manger de la polenta grillée dans le temps de le dire grâce à la polenta vendue dans des tubes de plastique. On la sert comme entrée ou mets d'accompagnement et on peut également la transformer en plat principal en la nappant avec la sauce tomate.

1 paquet de 540 g (18 oz) de polenta précuite

Gros sel de mer ou sel casher et poivre noir frais moulu

3 c. à soupe de beurre non salé, fondu

120 g (1 tasse) de parmigiano reggiano, râpé finement, dans un bol peu profond

SAUCE : Vous pouvez servir cette recette avec le Beurre au parmesan, à la sauge et au poivre (voir p. 179), la Salsa aux tomates fumées (voir p. 200) ou la Sauce au gorgonzola (voir p. 203).

1. Préparer le gril pour cuisson à chaleur directe (voir p. 10 pour cuisson au charbon de bois et p. 15 pour cuisson au gaz) et préchauffer à température moyenne-élevée.
2. Couper la polenta en travers en tranches de 1,25 cm (½ po). Saler et poivrer sur les deux faces. Badigeonner un côté de beurre fondu, puis le passer dans le parmesan pour former une croûte épaisse. Secouer le surplus de parmesan. Badigeonner l'autre côté de beurre fondu, puis le passer à son tour dans le parmesan en secouant le surplus. Mettre les tranches de polenta au fur et à mesure dans une grande assiette tapissée de pellicule plastique.
3. Quand le gril est prêt, brosser et huiler la grille. Déposer les rondelles de polenta sur la grille chaude. Compter de 3 à 5 min de cuisson de chaque côté pour qu'elles soient dorées et bien chaudes. Retourner les tranches à l'aide d'une spatule métallique.
4. Servir la polenta dans un plat ovale ou des assiettes individuelles. Couvrir avec le parmesan restant.

TRUC

- **Râpez le parmesan juste avant de l'utiliser. Pour le râper à l'aide du robot de cuisine, coupez-le d'abord en morceaux de 1,25 cm (½ po). Jetez les morceaux au fur et à mesure dans le bol pendant que l'appareil est en marche.**

COMMENT GRILLER *du tofu*

CUISSON À CHALEUR DIRECTE ★ TEMPS DE CUISSON : 8 À 12 MIN
PRÉPARATION À L'AVANCE : 2 À 3 H POUR PRESSER ET MARINER LE TOFU

Pour des millions de Japonais, le barbecue ne serait pas aussi intéressant si on ne pouvait y faire griller du tofu. Dans ce pays, on en sert partout, même dans les paisibles salons de thé, les salons de yakitori et les restaurants gastronomiques. La sauce traditionnelle qui l'accompagne est faite à base de miso. Elle est crémeuse et son goût est à la fois sucré et salé. On sert aussi le tofu grillé avec une sauce teriyaki (voir p. 137) ou une sauce à l'umeboshi (prune marinée). Parce qu'il absorbe bien la saveur de la marinade et celle du gril, le tofu est tout désigné pour plaire à tous vos invités, qu'ils soient végétariens ou non.

PRÉPARATION DU GRIL

1 Pour préparer un barbecue au charbon de bois pour une cuisson à chaleur directe, allumer d'abord les charbons dans une cheminée d'allumage (voir p. 9).

2 Avec une houe de jardinage ou tout autre instrument à long manche, tisonner la braise de manière à la répartir uniformément.

3 Pour vérifier si le barbecue a atteint une température élevée, faire le test décrit à la p. 10.

PRÉPARATION DU TOFU

1 Pour presser le tofu, le mettre sur une planche à découper inclinée placée dans l'évier. Mettre un poêlon lourd sur le tofu. L'eau s'écoulera directement dans l'évier.

2 Couper le tofu en tranches de 2 cm (3/4 po) d'épaisseur que l'on dresse ensuite dans un plat de cuisson.

3 Avec un éplucheur, enlever le zeste (écorce extérieure) de la tangerine.

TRUCS

- Achetez du tofu ferme ou extraferme pour cette recette ; le tofu soyeux ne tiendra pas sur les brochettes. Pour le raffermir davantage, pressez-le tel qu'indiqué sur la photo pour faire sortir le surplus d'eau qu'il contient.
- Même si on a enlevé son eau, le tofu reste fragile. C'est pourquoi je recommande de l'enfiler sur deux brochettes plutôt qu'une. Les Japonais appellent cette technique *dengaku.*
- L'anis étoilé est une épice en forme d'étoile. On pourrait comparer son goût à de la réglisse fumée. On en trouve dans les épiceries orientales et dans les boutiques spécialisées. On peut remplacer les tangerines par des oranges.
- Le tofu peut avoir tendance à coller à la grille, mais si vous badigeonnez la grille généreusement avec de l'huile, vous ne devriez pas avoir de difficulté à cuire le tofu directement sur la grille.

4 Verser la marinade sur le tofu, couvrir et laisser de 1 à 2 h dans le réfrigérateur.

5 Faire pénétrer les brochettes dans le tofu (2 par morceau). Seule la pointe des brochettes doit dépasser au bout. Si on enfonce les brochettes trop profondément, le tofu risque de se défaire.

SUR LE GRIL : Griller le tofu directement sur la grille préalablement brossée et huilée. Badigeonner le tofu avec la sauce teriyaki en cours de cuisson. Compter de 4 à 6 min de cuisson de chaque côté. Après 2 ou 3 min, faire pivoter les tranches de 45 degrés pour obtenir un quadrillage décoratif. Mettre du papier d'aluminium sous les brochettes pour les protéger si elles commencent à brûler.

Tofu teriyaki

4 À 6 PORTIONS

Le tofu et la sauce soja sont faits avec des haricots de soja. On les trouve dans plusieurs mets japonais.

SAUCE TERIYAKI

1 oignon vert, partie blanche seulement, aplati doucement avec le plat d'un couperet

1 gousse d'ail, épluchée et aplatie doucement avec le plat d'un couperet

2 tranches de gingembre frais de 6 mm (¼ po) d'épaisseur, pelé

125 ml (½ tasse) de saké

125 ml (½ tasse) de mirin (vin de riz doux)

3 c. à soupe de sucre

6 c. à soupe de sauce soja

1 c. à café (1 c. à thé) de fécule de maïs dissoute dans 2 c. à café (2 c. à thé) d'eau

TOFU

1 kg (2 lb) de tofu extraferme, égoutté

2 c. à soupe de graines de sésame, grillées (voir Note)

1 oignon vert (partie verte seulement), coupé en travers en tranches très fines

1. Préparer la sauce teriyaki : Dans une petite casserole à fond épais, mélanger les oignons, l'ail, le gingembre, le saké, le mirin et le sucre. Porter à ébullition à feu vif. Laisser bouillir de 3 à 5 min pour faire réduire du quart. Ajouter la sauce soja, baisser le feu et laisser bouillir à feu moyen de 3 à 5 min, jusqu'à consistance sirupeuse.
2. Remuer la fécule de maïs et l'eau et les incorporer dans la sauce qui mijote à l'aide d'un fouet. Laisser mijoter environ 30 secondes jusqu'à léger épaississement. Verser la sauce dans une passoire placée au-dessus d'un bol résistant à la chaleur et laisser reposer à température ambiante. On peut préparer cette sauce jusqu'à une journée d'avance, la couvrir et la conserver dans le réfrigérateur, puis la laisser reposer à température ambiante avant de l'utiliser.
3. Préparer le tofu : Couper le tofu en tranches de 1,25 cm (½ po) d'épaisseur et déposer dans un plat de cuisson pouvant contenir les tranches sur une seule couche. Couvrir avec les deux tiers de la sauce. Retourner les tranches pour bien les enrober. Réserver la sauce restante. Couvrir le plat et laisser le tofu mariner de 30 à 60 min dans le réfrigérateur.
4. Préparer le gril pour cuisson à chaleur directe (voir p. 10 pour cuisson au charbon de bois et p. 15 pour cuisson au gaz) et préchauffer à température élevée.
5. Quand le gril est prêt, brosser et huiler la grille. Déposer le tofu sur la grille chaude. Compter de 3 à 5 min de cuisson de chaque côté.
6. Servir dans un plat ovale ou des assiettes individuelles et napper avec la sauce réservée. Couvrir avec les graines de sésame et les oignons verts.

NOTE : Pour griller les graines de sésame, les mettre dans une poêle en fonte ou à fond épais. (Ne pas utiliser de poêle antiadhésive.) Faire brunir légèrement les graines environ 3 min à feu moyen en secouant la poêle pour qu'elles grillent uniformément. Laisser refroidir dans un bol résistant à la chaleur.

TRUC

- **Le mirin est un vin de riz doux provenant du Japon. Si vous n'en trouvez pas dans votre région, mélangez 125 ml (½ tasse) de saké ou de vin blanc et 1 ½ c. à soupe de sucre pour remplacer la quantité de mirin prévue dans la recette.**

Tofu teriyaki à la tangerine

DONNE 10 MORCEAUX ★ 5 PORTIONS EN HORS-D'ŒUVRE OU 2 OU 3 PORTIONS EN PLAT PRINCIPAL

NÉCESSAIRE : 20 fines brochettes de bambou trempées 1 h puis égouttées.

960 g (2 lb) de tofu extraferme

3 lamelles de zeste de tangerine

125 ml (½ tasse) de sauce soja

120 g (½ tasse) de sucre

125 ml (½ tasse) de jus de tangerine

60 ml (¼ tasse) d'huile de sésame orientale

2 gousses d'ail, pelées et écrasées avec la lame d'un couteau

2 tranches de gingembre frais de 6 mm (¼ po) d'épaisseur, pelées et écrasées avec la lame d'un couteau

2 anis étoilés entiers

½ c. à café (½ c. à thé) de fécule de maïs dissoute dans 2 c. à café (2 c. à thé) d'eau

1 c. à soupe de graines de sésame légèrement grillées (Voir Note p. 137)

2 oignons verts, partie verte seulement, finement hachés

1. Presser le tofu pendant 1 h (étape 1 de la p. 135). Couper le tofu en travers en tranches de 2 cm (¾ po) d'épaisseur et mettre celles-ci dans un plat de cuisson à l'épreuve de la corrosion avec le zeste de tangerine.
2. Dans un bol à l'épreuve de la corrosion, fouetter ensemble la sauce soja, le sucre, le jus de tangerine, l'huile de sésame, l'ail, le gingembre et l'anis. Verser la marinade sur le tofu. Couvrir et laisser mariner 1 ou 2 h dans le réfrigérateur en retournant le tofu à quelques reprises pendant cette période.
3. Préparer le gril pour cuisson à chaleur directe (voir p. 10 pour cuisson au charbon de bois et p. 15 pour cuisson au gaz) et préchauffer à température élevée. Vider la marinade dans une casserole en la passant dans un tamis. Enfiler les morceaux de tofu tel qu'indiqué à l'étape 5 de la page 136. Amener la marinade à ébullition sur feu élevé. Laisser mijoter vivement à découvert de 5 à 10 min, jusqu'à consistance sirupeuse. Incorporer la fécule de maïs à l'aide d'un fouet et laisser bouillir 30 secondes jusqu'à épaississement.
4. Quand le gril est prêt, bien badigeonner et huiler la grille. Poser le tofu sur la grille et laisser brunir de 3 à 5 min de chaque côté, jusqu'à ce qu'il grésille. Protéger les brochettes avec des feuilles d'aluminium si elles commencent à brûler. Après 1 ½ min de cuisson, faire pivoter le tofu de 45 degrés pour obtenir un quadrillage décoratif. Badigeonner le tofu de marinade deux fois de chaque côté en cours de cuisson.
5. Servir le tofu sur un plateau ou sur des assiettes. Verser la marinade restante sur le dessus et parsemer de graines de sésame et d'oignons verts. Servir immédiatement.

Tofu fumé

4 À 6 PORTIONS

NÉCESSAIRE : 1 ½ tasse de copeaux de bois (hickory ou chêne de préférence) trempés 1 h dans suffisamment d'eau froide puis égouttés.

500 ml (2 tasses) d'eau fraîche

50 g (¼ tasse) de cassonade pâle ou de sucre roux bien tassé

2 c. à soupe de gros sel de mer ou de sel casher

1 c. à café (1 c. à thé) de grains de poivre noir

1 c. à café (1 c. à thé) de graines de moutarde

¼ c. à café (¼ c. à thé) de clous de girofle entiers

½ bâton de cannelle de 4 cm (1 ½ po)

2 feuilles de laurier

2 rubans de zeste de citron de 1,25 x 4 cm (½ x 1 ½ po)

1 kg (2 lb) de tofu ferme ou extraferme, égoutté

Huile de cuisson en vaporisateur (facultatif)

1. Dans un bol étroit et profond, mettre l'eau, la cassonade, le sel, les grains de poivre, les graines de moutarde, les clous de girofle, la cannelle, les feuilles de laurier et le zeste. À l'aide d'un fouet, mélanger jusqu'à dissolution du sel et de la cassonade.
2. Ajouter le tofu en s'assurant qu'il est parfaitement couvert de marinade. Couvrir et laisser mariner de 6 à 8 h dans le réfrigérateur. On peut aussi faire mariner le tofu dans un sac de plastique à fermeture hermétique
3. Préparer le gril pour cuisson à chaleur indirecte (voir p. 12 pour cuisson au charbon de bois et p. 16 pour cuisson au gaz) et préchauffer à température moyenne. Si on a un appareil alimenté au gaz, mettre les copeaux de bois dans le bac à copeaux (voir p. 17) et préchauffer jusqu'à ce qu'une fumée commence à se dégager.
4. Quand le gril est prêt, brosser et huiler la grille. Jeter les copeaux de bois de part et d'autre sur la braise si on a un barbecue au charbon de bois. Déposer le tofu au centre de la grille, loin de la chaleur, et fermer le couvercle. Faire fumer le tofu de 20 à 30 min, jusqu'à ce qu'il prenne une coloration dorée.
5. Déposer le tofu dans un plat ovale et laisser refroidir à température ambiante. Conserver le tofu dans le réfrigérateur jusqu'au moment de servir, puis le découper en fines tranches. Le tofu fumé peut être servi chaud, froid ou à température ambiante. On peut le couvrir et le conserver jusqu'à 5 jours dans le réfrigérateur.

VARIANTE : Vous pouvez aussi cuire le tofu en le fumant dans le fumoir. *Si vous utilisez un fumoir, suivez les instructions du manufacturier. Placer le tofu dans le fumoir et faites fumer jusqu'à l'obtention d'une coloration dorée, soit 1 à 1 ½ h à feu doux.*

TRUC

- **La consistance du tofu variera selon le tofu choisi. Le tofu soyeux, très crémeux, est fragile et doit être manipulé avec soin. Le tofu ordinaire est plus sec et plus ferme. Les deux sont savoureux.**

Sandwiches au tofu « barbecue »

4 PORTIONS

NÉCESSAIRE : 1 ½ tasse de copeaux de bois (hickory ou chêne de préférence) trempés 1 h dans suffisamment d'eau froide puis égouttés.

2 gousses d'ail rocambole, en très fines tranches

5 c. à soupe d'huile d'olive extravierge

1 kg (2 lb) de tofu ferme ou extraferme (voir Note), égoutté

1 ½ c. à soupe de beurre non salé

2 c. à soupe d'assaisonnement barbecue au choix

125 ml (½ tasse) de sauce barbecue au choix, ou plus au goût

8 feuilles de laitue Boston

4 petits pains empereur (kaiser) ou pains à hamburgers, ouverts

1 belle tomate rouge bien mûre, en fines tranches

1 cornichon à l'aneth, en fines tranches

1. Préchauffer le gril pour cuisson à chaleur indirecte (p. 12 pour la cuisson au charbon de bois et p. 16 pour cuisson au gaz) et préchauffer à température moyenne-élevée. Si on a un appareil alimenté au gaz, mettre les copeaux de bois dans le bac à copeaux (voir p. 17) et préchauffer jusqu'à ce qu'une fumée commence à se dégager.
2. Ail grillé : Chauffer l'huile d'olive dans une petite casserole à feu moyen-élevé. Ajouter les tranches d'ail et frire environ 30 sec, jusqu'à l'obtention d'une coloration dorée. Éviter de laisser brûler. À l'aide d'un écumoire, retirer les tranches d'ail et les égoutter sur un papier essuie-tout. (Conserver l'huile aromatisée à l'ail pour une préparation ultérieure.)
3. Couper le tofu en tranches de 1,25 cm (½ po) d'épaisseur. Faire fondre le beurre à feu moyen dans une petite casserole. Beurrer légèrement le tofu sur les deux faces. Assaisonner avec l'assaisonnement barbecue.
4. Quand le gril est prêt, brosser et huiler la grille. Jeter les copeaux de bois de part et d'autre sur la braise si on a un barbecue au charbon de bois. Déposer le tofu sur la grille chaude et fumer de 20 à 30 min, jusqu'à ce que le tofu soit bien coloré et grésillant. Badigeonner avec 60 ml (¼ tasse) de sauce barbecue quand il est doré de chaque côté. Faire griller les petits pains environ 1 min, pour qu'ils soient dorés.
5. Mettre 2 feuilles de laitue sur la moitié inférieure de chaque pain. Couvrir avec le tofu, l'ail, les tomates et les cornichons. Napper avec la sauce barbecue restante. Couvrir avec la moitié supérieure du pain et servir immédiatement.

NOTE : N'achetez pas de tofu soyeux pour cette recette. Le tofu ferme ou extraferme donnera de meilleurs résultats.

AIL ROCAMBOLE : Le bulbe de l'ail rocambole est gros comme une balle de balle-molle, ce qui le rend idéal pour faire des chips d'ail ! Vous n'êtes pas obligé de vous donner tout ce mal, mais sachez que vos sandwiches n'en seront que plus savoureux. L'ail rocambole est parfois appelé ail d'Espagne.

LE TOFU ET LE MISO

Le tofu et le miso sont des produits à base de soja originaires d'Asie. Le tofu est vendu sous forme de blocs de couleur blanche ou ivoire ; le miso se présente comme une pâte épaisse. Les deux ont leur place dans le domaine de la cuisson au gril. Le tofu grillé est un aliment de choix ; quant au miso, il est délicieux dans les sauces et les glaces. Les Japonais leur accordent beaucoup d'importance depuis toujours dans leur répertoire culinaire.

Le tofu a été inventé en Chine (doufu), mais c'est au Japon qu'il a gagné ses lettres de noblesse. Plusieurs marques de qualité sont vendues dans le monde entier. On fait tremper des haricots de soja, puis on les réduit en une purée que l'on fera bouillir. On ajoute ensuite un coagulant au liquide pour le gélifier.

On connaît deux types de tofu : le régulier et le soyeux. Le régulier est plus ferme et plus sec que le soyeux, qui ressemble davantage à une crème anglaise. Le tofu régulier convient à la cuisson au gril tandis que le tofu soyeux a tendance à se défaire. Ces deux types de tofu sont vendus sous différentes formes : extraferme, ferme et mou. Le tofu extraferme est idéal pour le gril. (Certains rôtisseurs aiment le presser sous un poêlon lourd pendant 1 h afin de le raffermir davantage avant la cuisson.) On peut se procurer cet aliment dans la plupart des supermarchés, des boutiques d'aliments naturels et des épiceries orientales.

Le miso est riche en valeurs nutritives. Il est produit avec des germes de soja fermentés que l'on malaxe avec des céréales (riz, blé ou orge) et du sel. On le fait vieillir dans des cuves de cèdre pendant des mois, voire des années. Son goût est unique en son genre et varie selon sa richesse en soja, sa teneur en sel et le temps de fermentation. Si vous n'en avez jamais mangé, essayez d'imaginer le goût prononcé d'un bon parmesan vieilli, la saveur très salée d'un cube de bouillon (le miso a évidemment meilleur goût) et le caractère onctueux du beurre d'arachide.

Comme le tofu, le miso est vendu en sachets ou en pots de plastique. Plusieurs marques viennent du Japon, mais on en produit de plus en plus en Amérique du Nord et ailleurs dans le monde. Vous en trouverez facilement dans la plupart des supermarchés, des épiceries japonaises et des magasins d'aliments naturels. On peut le conserver pendant quelques mois dans le réfrigérateur.

LES MISOS LES PLUS CONNUS SONT LES SUIVANTS :

- Le miso blanc, aussi appelé *shiro miso*, est doux, pâle et sucré. On le fait avec des haricots de soja et du riz blanc. Le *saikyo miso* est un miso blanc très doux particulièrement recommandé pour la cuisine au gril.
- Le miso jaune, *shinshu miso*, est semblable au miso blanc, mais il est un peu plus jaune et salé.
- Le miso de riz brun, *genmai miso*, est fabriqué avec des haricots de soja, du riz brun et du sel. Il est de couleur sable, salé et très goûteux puisqu'il est fermenté pendant un an et demi à deux ans.
- Le miso rouge, *aka miso*, est plus foncé. Il est composé de haricots de soja, de riz et de sel. C'est un miso tout usage souvent utilisé dans les soupes.
- Le miso d'orge, *mugi miso*, est foncé, d'une belle couleur brun-rouge. Il est fait avec des haricots de soja, de l'orge et du sel. Il est onctueux et presque croquant. Son goût subtil évoque parfois des notes de chocolat ou de café.

COMMENT GRILLER *des tomates*

CUISSON À CHALEUR DIRECTE ★ TEMPS DE CUISSON : 6 À 10 MIN

TRUCS

- Pour reconnaître une tomate parfaitement mûre, servez-vous de votre nez, de vos yeux et de vos doigts. Elle doit être d'un beau rouge éclatant, avoir un arôme agréable d'herbe fraîche et céder légèrement sous vos doigts quand vous la pressez doucement.
- N'achetez pas des tomates qui ont été gardées dans le réfrigérateur et ne faites jamais ce crime de lèse-majesté dans votre propre cuisine ! Le froid détruit leur texture délicate et leur goût subtil.

Quoi de plus délicieux que de croquer dans une tomate juteuse parfaitement mûre ? La réponse est simple : croquer dans une tomate juteuse parfaitement mûre qui a été grillée ! La méthode la plus simple est de la mettre directement sur la grille au-dessus du feu. La pelure noircira, fendra et s'imprégnera du goût de la fumée. Arrosez les tomates grillées avec de l'huile d'olive extravierge et parsemez-les de gros sel de mer, de poivre noir fraîchement moulu et, si vous le voulez, de fines herbes et d'ail hachés. La recette que j'ai choisi d'illustrer ici est un peu plus élaborée puisque j'ai ajouté aux tomates de l'ail frit et du parmesan, ce qui fait ressortir le goût de fumée.

PRÉPARATION DU GRIL

1 Pour préparer un barbecue au charbon de bois pour une cuisson à chaleur directe, allumer d'abord les charbons dans une cheminée d'allumage (voir p. 9).

2 Avec une houe de jardinage ou tout autre instrument à long manche, tisonner la braise de manière à la répartir uniformément.

3 Pour vérifier si le barbecue a atteint une température élevée, faire le test décrit à la p. 10.

PRÉPARATION DE L'AIL

1 Pour éplucher l'ail, aplatir la gousse avec un couteau large, ce qui détachera la peau.

2 Enlever la peau avec les doigts. (En passant, notez la beauté des tomates parfaitement mûres.)

3 Couper la gousse en travers pour faire des tranches de 6 mm (¼ po). Aplatir les tranches avec le plat du couteau en veillant à ce que le manche du couteau soit à l'extérieur de la planche à découper. L'ail sera ainsi pulvérisé instantanément.

SUR LE GRIL : Faire d'abord griller les tomates de 3 à 5 min, face coupée vers le bas. Les faire pivoter de 45 degrés après 1 ou 2 min de cuisson afin que le contact des tomates avec la grille crée un quadrillage décoratif.

Retourner les tomates, face coupée vers le haut, et les arroser minutieusement d'ail frit. Griller de 3 à 5 min de plus.

Tomates grillées à l'ail

6 PORTIONS

NÉCESSAIRE : 1 tasse de copeaux de bois (facultatif ; chêne de préférence) trempés 1 h dans suffisamment d'eau froide puis égouttés.

6 tomates rouges mûres

Gros sel et poivre noir

6 gousses d'ail

3 c. à soupe d'huile d'olive extravierge

1 morceau de 30 à 60 g (1 à 2 oz) de parmigiano reggiano

1 ou 2 c. à soupe de feuilles de thym frais

SAUCE : Vous pouvez servir cette recette avec le Chutney à la coriandre (voir p. 193).

1. Couper les tomates horizontalement en deux. Saler et poivrer.
2. Éplucher et pulvériser l'ail (voir étapes 1 à 3 à la page précédente). Chauffer l'huile dans une poêle à frire sur feu moyen. Ajouter l'ail et cuire 1 ou 2 min, jusqu'à ce qu'il commence à brunir. Transvider l'ail et l'huile dans un bol qui résiste à la chaleur.
3. Préparer le gril pour cuisson à chaleur directe (voir p. 10 pour cuisson au charbon de bois et p. 15 pour cuisson au gaz) et préchauffer à température élevée. Si on a un appareil alimenté au gaz, mettre les copeaux de bois, si désiré, dans le bac à copeaux ou la papillote à copeaux (voir p. 17) et préchauffer jusqu'à ce qu'une fumée apparaisse.
4. Badigeonner et huiler la grille. Si on choisit la cuisson au charbon de bois, remuer les copeaux sur le charbon si désiré. Mettre les tomates, face coupée vers le bas, sur la grille chaude et griller de 3 à 5 min jusqu'à ce qu'elles commencent à brunir. Les faire pivoter de 45 degrés après 2 min de cuisson afin que le contact des tomates avec la grille crée un quadrillage décoratif. Retourner les tomates avec une pince et les arroser avec l'ail frit à l'aide d'une cuillère. Griller de 3 à 5 min de plus jusqu'à ce que le fond (la partie ronde) soit bruni.
5. Dresser les tomates grillées sur des assiettes ou sur un plateau. Râper le fromage au-dessus des tomates et parsemer de thym. Servir immédiatement.

VARIANTES : Pour faire des tomates cerises ou des tomates prunes grillées à l'ail, mettez 12 tomates prunes ou 24 tomates cerises entières dans un grand bol et mélangez-les avec la moitié de l'huile et de l'ail pulvérisé, du sel, du poivre et la moitié du thym. Mettez les tomates sur la grille chaude (utilisez une grille à légumes pour les tomates cerises). Faites griller de 6 à 8 min, jusqu'à ce que la pelure soit brun foncé et boursouflée. Retournez les tomates à l'aide d'une pince pendant la cuisson. Dressez les tomates sur un plateau et couvrez-les avec les ingrédients restants : huile, ail, thym et parmesan. Servez immédiatement.

Tomates grillées à la sauge et à l'ail

4 À 6 PORTIONS

Les tomates grillées sont délicieuses parce que la chaleur caramélise leurs sucres naturels. Elles absorbent facilement le goût des fines herbes et des autres assaisonnements.

6 tomates prunes (environ 600 g/1 ¼ lb), coupées en deux sur la longueur

2 c. à soupe d'huile d'olive extravierge

Gros sel de mer ou sel casher et poivre noir concassé

3 gousses d'ail, émincées

1 c. à soupe de sauge fraîche, hachée finement + 12 feuilles entières

1. Préparer le gril pour cuisson à chaleur directe (voir p. 10 pour cuisson au charbon de bois et p. 15 pour cuisson au gaz) et préchauffer à température élevée.
2. Badigeonner les tomates d'huile d'olive sur toutes les faces. Saler et poivrer généreusement, puis ajouter l'ail et la sauge hachée. Presser une feuille de sauge entière au centre de la face coupée de chaque tomate. Réserver l'huile d'olive restante.
3. Quand le gril est prêt, brosser et huiler la grille. Déposer les demi-tomates en diagonale sur la grille chaude, face coupée vers le bas. Compter de 3 à 5 min de cuisson de chaque côté pour que les tomates soient colorées. Tourner les tomates d'un quart de tour après les 2 premières minutes de cuisson pour les quadriller.
4. Mettre les tomates dans un plat ovale ou des assiettes individuelles en les arrosant avec l'huile réservée. Servir immédiatement.

VARIANTES : J'aime beaucoup l'allure des feuilles de sauge entières grillées au centre des tomates. Si vous n'aimez pas ce goût particulier, essayez la recette avec des petits brins d'estragon, de romarin, de thym, de persil plat ou d'une autre herbe au choix.

Les petites tomates prunes peuvent être grillées entières. Il suffit de faire tenir les tomates et les feuilles de sauge sur des cure-dents de bois.

COMMENT GRILLER *des tranches d'aubergine*

Selon la méthode de cuisson choisie, l'aubergine peut parfois sembler sans intérêt. Faites-la griller entière et vous obtiendrez une pulpe douce et crémeuse dont la texture ressemble à celle d'un pâté. Si vous la coupez d'abord en tranches avant de la griller, sa texture pourra alors être comparée à celle des courgettes ou des champignons grillés. L'aubergine absorbe très facilement l'odeur du feu et de la fumée. Inspirée de la traditionnelle salade italienne *caprese*, cette recette propose des tranches d'aubergine grillées recouvertes de salsa de tomate en dés, de basilic frais et de mozzarella fraîche. Il est recommandé de griller les aubergines à l'avance, et même la veille.

PRÉPARATION DU GRIL

1 Pour préparer un barbecue au charbon de bois pour une cuisson à chaleur directe, allumer d'abord les charbons dans une cheminée d'allumage (voir p. 9).

2 Avec une houe de jardinage ou tout autre instrument à long manche, tisonner la braise de manière à la répartir uniformément.

3 Pour vérifier si le barbecue a atteint une température élevée, faire le test décrit à la p. 10.

PRÉPARATION DES AUBERGINES

1 Faire dégorger les aubergines et les mettre sur une seule couche sur une grande grille placée sur un plat de cuisson ou sur une plaque à petits bords. Saler généreusement les tranches des deux côtés.

2 Après 30 min, des gouttelettes amères se formeront sur les aubergines. Bien rincer les tranches à l'eau froide et les essuyer minutieusement avec du papier essuie-tout.

TRUCS

- Il faut dégorger les aubergines pour leur faire perdre leur amertume. Saupoudrez-les de sel et laissez-les reposer 30 min, ce qui leur donnera un goût plus doux.
- Les aubergines dégorgées deviennent aussi plus tendres. Cette étape n'est pas indispensable, mais elles sont vraiment meilleures si on prend le temps de le faire.
- Choisissez des aubergines cylindriques plutôt que bulbeuses. Elles donneront des tranches plus uniformes.

Tranches d'aubergine avec « salsa » caprese

6 PORTIONS

AUBERGINE

2 aubergines cylindriques de 480 g (1 lb) chacune, coupées en travers en tranches de 1,25 cm (½ po)

Environ 2 c. à soupe de gros sel

3 c. à soupe d'huile d'olive extravierge

2 c. à café (2 c. à thé) d'origan séché

½ à 1 c. à café (½ à 1 c. à thé) de poivre noir

½ c. à café (½ c. à thé) de piment fort rouge en flocons (facultatif)

3 gousses d'ail, émincées

3 c. à soupe de persil plat frais, haché

« SALSA » CAPRESE

1 grosse tomate mûre, épépinée et coupée en dés de 6 mm (¼ po)

1 morceau de mozzarella fraîche (environ 150 g/5 oz), égoutté et coupé en dés de 6 mm (¼ po)

8 feuilles de basilic frais, coupées finement + quelques feuilles entières pour garnir

2 c. à soupe d'huile d'olive extravierge

Gros sel et poivre noir

2 c. à soupe de jus de citron

1. Saupoudrer les tranches d'aubergine de gros sel et laisser dégorger (étapes 1 et 2, p. 10). Laisser reposer 30 min.
2. Préparer le gril pour cuisson à chaleur directe (voir p. 10 pour cuisson au charbon de bois et p. 15 pour cuisson au gaz) et préchauffer à température élevée.
3. Rincer les aubergines à l'eau froide et bien les éponger avec du papier essuie-tout. Poser les tranches sur la plaque de cuisson et les arroser avec 2 c. à soupe d'huile d'olive. Faire pénétrer l'huile avec le bout des doigts ou un pinceau à pâtisserie. Saupoudrer avec la moitié de l'origan, du poivre, du piment fort en flocons, de l'ail et du persil. Retourner les tranches et faire la même chose avec le reste de ces mêmes ingrédients.
4. Quand le gril est prêt, poser les tranches d'aubergine sur la grille chaude et griller de 5 à 8 min de chaque côté, jusqu'à ce qu'elles soient bien brunies. Faire pivoter les tranches de 90 degrés après 3 min de cuisson pour obtenir un quadrillage décoratif. Si les aubergines commencent à brûler avant de devenir tendres, réduire la température ou mettre les tranches sur une surface moins chaude du gril. Mettre les tranches grillées sur un plateau ou sur des assiettes et laisser refroidir à la température ambiante. On peut les couvrir et les conserver 24 h dans le réfrigérateur. Laisser les tranches se chevaucher.
5. Pour préparer la « salsa », mettre les tomates, la mozzarella, le basilic, l'huile et le jus de citron dans un bol à l'épreuve de la corrosion sans les remuer. On peut faire la « salsa » jusqu'à cette étape quelques heures à l'avance, la couvrir et la garder dans le réfrigérateur.
6. Au moment de servir, saler et poivrer la « salsa » et remuer doucement. Verser sur les aubergines et garnir avec du basilic frais et des quartiers de citron au goût.

VARIANTES : Pour une recette à la mode argentine, faites des tranches d'aubergine plus épaisses (2 à 2,5 cm/¾ à 1 po). Griller de 6 à 10 min de chaque côté. Au lieu de les servir avec la « salsa », arrosez-les simplement d'huile d'olive extravierge avant de servir.
Les Japonais aiment les aubergines coupées en deux sur la longueur. Pour diminuer le temps de cuisson, faites des petites incisions dans la chair à l'aide d'un petit couteau. Badigeonnez les aubergines avec de l'huile de sésame orientale (foncée) avant de les griller. Comptez environ 8 à 10 min de cuisson de chaque côté.

Aubergines à la mode argentine

4 PORTIONS

Les Argentins sont les carnivores les plus impitoyables de la planète. Mais il existe au moins deux légumes qui ont trouvé grâce à leurs yeux et qu'on trouve toujours sur leur table : les poivrons rouges (voir recette p. 131) et les aubergines grillées au parfum d'origan. Les assaisonnements sont simples puisque l'armoire à épices des Argentins ne renferme généralement que du sel, du poivre, de l'origan, des feuilles de laurier, du persil et, parfois, du paprika fort. Voici une recette d'aubergines succulente. N'ayez crainte, elles ne sécheront pas en cours de cuisson. Elles seront saisies à l'extérieur, mais tendres à l'intérieur, comme cela devrait toujours être le cas avec les aubergines.

1 aubergine de 480 g (1 lb), coupée en travers en tranches de 1,25 cm (½ po)

60 ml (¼ tasse) d'huile d'olive extravierge

Gros sel de mer ou sel casher et poivre noir frais moulu

3 gousses d'ail, émincées

1 ½ c. à café (1 ½ c. à thé) d'origan séché

1 c. à café (1 c. à thé) de cayenne en flocons

SAUCE : Vous pouvez servir cette recette avec le Chimichurri (voir p. 191) ou la Salsa aux tomates fumées (voir p. 200).

1. Préparer le gril pour cuisson à chaleur directe (voir p. 10 pour cuisson au charbon de bois et p. 15 pour cuisson au gaz) et préchauffer à température élevée.
2. Badigeonner légèrement les tranches d'aubergine sur les deux faces avec environ 2 c. à soupe d'huile d'olive. Saler et poivrer généreusement. Dans un petit bol, mélanger l'ail, l'origan et le piment. Saupoudrer la moitié de cet assaisonnement sur les deux faces des tranches d'aubergine en le faisant pénétrer du bout des doigts. Verser l'huile d'olive restante dans l'assaisonnement restant et bien remuer. Réserver.
3. Quand le gril est prêt, brosser et huiler la grille. Déposer les tranches d'aubergine sur la grille chaude. Compter de 3 à 6 min de cuisson de chaque côté pour qu'elles soient colorées et très tendres sous la pression du doigt. En cours de cuisson, badigeonner les tranches sur les deux faces avec l'huile assaisonnée réservée.
4. Servir immédiatement dans un plat ovale ou des assiettes individuelles.

Desserts

Quand j'étais enfant, le seul dessert grillé que je connaissais était le marshmallow grillé au feu de bois que je faisais souvent incinérer malgré moi. Les temps ont bien changé ! De nos jours, un nombre incalculable de desserts peuvent être préparés sur le gril, qu'il s'agisse de bananes passées dans le sucre à la cannelle, de prunes badigeonnées au porto ou d'ananas frais grillés sur des morceaux de gousse de vanille. Et que dire des incomparables poires Belle-Hélène ? Pour terminer un repas de façon spectaculaire, il n'y a vraiment rien de tel qu'un dessert cuit au gril.

COMMENT GRILLER *des ananas et d'autres fruits*

CUISSON À CHALEUR DIRECTE ★ TEMPS DE CUISSON : 8 À 12 MIN

Les fruits grillés ajoutent un air de fête à n'importe quel repas. En Thaïlande et en Indonésie, dans les marchés, on peut savourer des fruits frais grillés que l'on a d'abord trempés dans du lait de noix de coco et que l'on a ensuite enrobés de sucre de dattes de palmier. Tout le monde aime les bananes grillées, mais pourquoi ne pas les remplacer par l'ananas, un autre fruit tropical délicieux ? À vrai dire, n'importe quel fruit juteux fera l'affaire !

PRÉPARATION DU GRIL

1 Pour préparer un barbecue au charbon de bois pour une cuisson à chaleur directe, allumer d'abord les charbons dans une cheminée d'allumage (voir p. 9).

2 Avec une houe de jardinage ou tout autre instrument à long manche, tisonner la braise de manière à la répartir uniformément.

3 Pour vérifier si le barbecue a atteint une température élevée, faire le test décrit à la p. 10.

PRÉPARATION DE L'ANANAS

1 Saisir l'ananas fermement d'une main, puis saisir les feuilles de l'autre. Tourner et tirer les feuilles pour les séparer du fruit.

2 Couper l'écorce en commençant par le dessus, puis le dessous, et enfin les côtés. Couper l'ananas en lamelles sur la longueur et prenant soin d'enlever toute trace de l'écorce.

3 Couper l'ananas en travers en tranches épaisses de 1,25 cm (½ po).

4 Avec une cuillère à melon ou un vide-pomme, enlever la partie fibreuse au centre de chaque tranche.

SUR LE GRIL : Tremper complètement les tranches dans le lait de noix de coco, puis les passer dans le sucre aromatisé à la cannelle. Secouer tout surplus. Poser les tranches sur la grille huilée.

Griller les ananas de 4 à 6 min de chaque côté, jusqu'à ce qu'ils soient dorés. Après 2 min, faire pivoter les tranches de 60 degrés pour obtenir un quadrillage décoratif.

TRUCS

- Il est facile de trouver du lait de noix de coco non sucré en conserve dans les bonnes épiceries. La cuisine thaïlandaise étant de plus en plus populaire, cet ingrédient de prédilection n'est plus une denrée rare.
- Choisissez un ananas dont l'écorce est jaune et dorée, ce qui indique qu'il est mûr à point et sucré. Un ananas donne en moyenne de 8 à 12 tranches.
- Vous pouvez garder l'écorce de l'ananas et l'utiliser pour alimenter la fumée.

Ananas grillé à la noix de coco

4 À 6 PORTIONS

1 ananas mûr

1 boîte de 412 ml (14 oz) de lait de noix de coco non sucré

360 g (1 ½ tasse) de sucre turbinado ou de sucre blanc

1 c. à café (1 c. à thé) de cannelle moulue

Brins de menthe fraîche

1 litre (4 tasses) de glace à la vanille ou de yaourt glacé (facultatif)

1. Préparer le gril pour cuisson à chaleur directe (voir p. 10 pour cuisson au charbon de bois et p. 15 pour cuisson au gaz) et préchauffer à température élevée.
2. Peler, couper en tranches et évider l'ananas (étapes 1 à 4 de la p. 155). Bien remuer la boîte de lait de noix de coco avant de l'ouvrir. Verser le lait de noix de coco dans un bol large et peu profond. Dans un autre bol de même grosseur, mettre le sucre et la cannelle et remuer à l'aide d'une fourchette.
3. Quand le gril est prêt, badigeonner et huiler la grille. Tremper une tranche d'ananas dans le lait de coco, puis la passer dans le sucre. Secouer pour enlever le surplus. Faire la même chose avec toutes les tranches que l'on pose au fur et à mesure sur la grille chaude. Cuire de 4 à 6 min de chaque côté. Faire pivoter les tranches de 60 degrés après 2 ou 3 min de cuisson pour obtenir un quadrillage décoratif. Dresser les ananas sur un plateau ou sur des assiettes avec des brins de menthe fraîche. On peut aussi les servir dans des bols sur de la glace à la vanille ou du yaourt glacé. L'ananas grillé est bon chaud ou froid.

VARIANTE : Remplacez le lait de noix de coco par du beurre non salé fondu. Ne secouez par le surplus de beurre (ou de n'importe quelle huile) près du gril pour éviter de faire monter la flamme trop haut.

POURQUOI PAS ? Cette recette est aussi recommandée avec des bananes et des fruits à noyau tels que les pêches, les prunes et les nectarines. Prenez de petites bananes ou coupez de grosses bananes diagonalement en deux morceaux. Pour les autres fruits, coupez-les en deux et jetez le noyau avant de les poser sur le gril.

Bananes « tostones » avec crème fouettée à la cannelle et au rhum

4 PORTIONS

Dans les Antilles et en Amérique centrale, on aplatit les bananes plantains, on les traite à grande friture, puis on les frit de nouveau. On leur donne alors le nom de *tostones.* Je me suis inspiré de cette recette pour faire cuire des bananes de la même manière. N'oubliez surtout pas de me donner des nouvelles de la crème fouettée au rhum.

CRÈME FOUETTÉE

250 ml (1 tasse) de crème épaisse à fouetter (35 %)

3 c. à soupe de sucre glace

1 c. à soupe de rhum brun

1 c. à café (1 c. à thé) de cannelle moulue

BANANES

160 g (2/3 tasse) de sucre granulé

1 c. à soupe de cannelle moulue

2 c. à café (2 c. à thé) de zeste de citron ou de citron vert, râpé très finement

4 bananes, refroidies 1 h dans le réfrigérateur

4 c. à soupe de beurre non salé, fondu

Huile de cuisson en vaporisateur

Brins de menthe fraîche (facultatif)

1. Préparer la crème fouettée : Verser la crème dans un grand bol en verre ou en métal refroidi. Battre à l'aide du batteur à main jusqu'à formation de pics mous en commençant à faible vitesse et en l'augmentant graduellement. Battre de 6 à 8 min en tout. Quand les pics sont formés, ajouter le sucre glace, le rhum et la cannelle. Battre environ 2 min, jusqu'à formation de pics fermes. Ne pas battre exagérément sinon la crème tournera en beurre. On peut faire cette étape quelques heures d'avance. Couvrir et conserver dans le réfrigérateur jusqu'au moment de servir.
2. Préparer les bananes : Mélanger le sucre granulé, la cannelle et le zeste dans un bol peu profond. Réserver.
3. Préparer le gril pour cuisson à chaleur directe (voir p. 10 pour cuisson au charbon de bois et p. 15 pour cuisson au gaz) et préchauffer à température élevée.
4. Couper les bananes en deux sur la longueur. Badigeonner la face exposée de chaque moitié de beurre fondu, puis les passer dans le sucre à la cannelle en secouant le surplus.
5. Quand le gril est prêt, brosser et huiler la grille. Déposer les demi-bananes, face coupée vers le bas, et griller environ 2 à 3 min, jusqu'à ce que la chair soit dorée. Retourner à l'aide d'une pince et griller encore 4 min, jusqu'à ce que la pelure soit très foncée.
6. Peler les bananes et les mettre dans des assiettes individuelles. Garnir chaque portion avec une grosse cuillerée de crème fouettée et un brin de menthe. Servir immédiatement.

TRUC

- **Pour cette recette, râpez le zeste de citron ou de citron vert sur la surface la plus fine de la râpe.**

Bananes givrées au sirop d'érable

4 PORTIONS

La cuisson sur le gril rehausse le caractère sucré de la plupart des fruits, surtout les bananes, qui développent ainsi un goût surprenant de bonbon et de caramel. Selon votre degré de tolérance ou d'enthousiasme pour les desserts décadents, servez ces bananes grillées nature, avec de la crème glacée à la vanille ou une sauce au caramel ou au chocolat.

4 bananes (voir Note)

3 c. à soupe de sirop d'érable

6 à 8 c. à soupe de cassonade foncée, de sucre roux ou de sucre glace

Cannelle moulue

Crème glacée à la vanille (facultatif)

Sauce au caramel ou au chocolat (facultatif)

1. Préparer le gril pour cuisson à chaleur directe (voir p. 10 pour cuisson au charbon de bois et p. 15 pour cuisson au gaz) et préchauffer à température élevée.
2. Mettre les bananes sur une planche à découper et les couper en deux sur la longueur sans les peler. Badigeonner la face coupée de sirop d'érable. Saupoudrer généreusement de cassonade sur toutes les faces. Saupoudrer légèrement la face coupée de cannelle.
3. Quand le gril est prêt, brosser et huiler la grille. Déposer les bananes sur la grille chaude, face coupée vers le bas. Cuire de 2 à 3 min pour que la face coupée soit caramélisée et bien dorée. Les retourner et cuire environ 2 min de plus pour que les fruits commencent à se détacher de la pelure.
4. Mettre les bananes non pelées dans un plat ovale ou des assiettes individuelles et servir avec de la crème glacée ou une sauce au caramel et au chocolat.

NOTE : Pour cette recette, choisissez des bananes qui commencent à peine à mûrir et dont la pelure est jaune et ferme. Évitez celles qui sont tachetées de brun, ce qui signifie qu'elles sont complètement mûres.

COMMENT GRILLER *une crème brûlée*

CUISSON À CHALEUR INDIRECTE ★ TEMPS DE CUISSON : 35 À 45 MIN POUR CUIRE LA CRÈME BRÛLÉE ET AU MOINS 4 H POUR LA LAISSER REFROIDIR

Cela peut sembler étrange de parler de crème brûlée dans un livre sur le barbecue, mais il ne faut pas oublier qu'à l'origine, ce dessert raffiné était caramélisé avec une salamandre, tandis qu'aujourd'hui, les chefs utilisent un outil plus moderne, le chalumeau, pour caraméliser le sucre. L'idée de préparer un dessert directement sur le feu m'a beaucoup inspiré. Pour épicer un peu la recette, j'ajoute des piments chipotles à la préparation et je laisse la crème s'imprégner du goût de la fumée en utilisant la méthode de cuisson à chaleur indirecte. Tout cela peut avoir l'air bizarre, mais les piments et la fumée donnent à ce dessert un goût plus riche et plus sucré.

PRÉPARATION DU GRIL

1 Pour préparer un barbecue au charbon de bois pour une cuisson à chaleur indirecte, allumer d'abord les charbons dans une cheminée d'allumage (voir p. 9).

2 À l'aide d'un ustensile à long manche, repousser la braise de part et d'autre du gril afin de former deux zones de chaleur.

3 Si le gril est muni de paniers latéraux, répartir la braise également dans ces derniers et placer une lèchefrite au centre du gril.

PRÉPARATION DE LA CRÈME

1 Couper la gousse de vanille en deux de façon à exposer les petites graines qu'elle renferme. Sur la photo, on peut voir une gousse de vanille entière, un bâton de cannelle et des piments chipotles séchés.

2 Ajouter la gousse ouverte, le bâton de cannelle et les piments à la crème. Laisser mijoter doucement 10 min sur le poêle.

3 Quand la crème est à la température ambiante, l'incorporer à l'aide d'un fouet dans une préparation de jaunes d'œufs et de sucre.

4 Verser la crème obtenue dans des plats à crème brûlée placés dans une plaque à rôtir pour faire un bain-marie.

SUR LE GRIL : Mettre la plaque à rôtir contenant les ramequins au centre du gril, loin de la source de chaleur. Verser de l'eau chaude dans la plaque à rôtir pour faire un bain. Laisser les ramequins sur le gril de 25 à 35 min.

Pour rehausser le goût fumé, ajouter des copeaux de bois aux charbons si on a un barbecue au charbon de bois. Si on a un appareil alimenté au gaz, mettre tous les copeaux ou morceaux de bois, si désiré, dans le bac à copeaux ou faire une papillote à copeaux au moment de préchauffer le gril.

CARAMÉLISATION DU SUCRE

1 Quand la crème brûlée est refroidie (après au moins 4 h dans le réfrigérateur), saupoudrer le dessus avec du sucre turbinado ou du sucre blanc.

2 Chauffer la salamandre sur les charbons si on a un barbecue au charbon de bois. Si on a un appareil alimenté au gaz, chauffer la salamandre sur la grille ou le brûleur latéral.

3 Frapper la salamandre pour éliminer la cendre qui pourrait y adhérer et la presser doucement sur le dessus de la crème, ce qui caramélisera le sucre. Chauffer la salamandre de nouveau au besoin.

4 On peut aussi utiliser un chalumeau pour caraméliser le sucre. Orienter la flamme vers le dessus de la crème brûlée. Le bout devrait être tenu à 7,5 cm (3 po) au-dessus de la surface.

TRUCS

- Les piments chipotles sont des piments jalapenos fumés. On les trouve séchés ou en conserve. Je préfère habituellement la saveur des chipotles en conserve, mais pour cette recette je recommande les chipotles séchés qui sont plus doux. Ils ajouteront un goût fumé agréable et un soupçon de piquant à la crème brûlée.
- La crème doit être cuite dans des ramequins placés dans une plaque à rôtir contenant environ 1,25 cm (½ po) d'eau. L'humidité ainsi créée garde la crème douce et onctueuse. Verser l'eau une fois que la plaque est sur le gril afin de ne pas en renverser.
- On utilise habituellement une salamandre, un appareil de cuisson à plafond rayonnant, pour caraméliser la crème brûlée. On peut la chauffer directement sur les charbons (la secouer ensuite contre le gril pour enlever la cendre) ou sur la grille d'un appareil alimenté au gaz. Au moment d'entrer en contact avec la crème, le fer chaud produit un sifflement et dégage une fumée qui impressionneront à coup sûr vos invités.

Crème brûlée aux piments chipotles

6 PORTIONS

NÉCESSAIRE : 6 plats ou ramequins à crème brûlée de 8,75 à 10 cm (3 ½ à 4 po) de diamètre ; 1 tasse de copeaux ou de morceaux de bois (pommier ou cerisier de préférence) trempés 1 h dans suffisamment d'eau pour les couvrir, puis égouttés ; salamandre à crème brûlée ou chalumeau.

750 ml (3 tasses) de crème épaisse (35 %)

2 piments chipotles séchés, ouverts et épépinés (laisser les graines pour un goût plus épicé)

1 gousse de vanille, coupée en deux sur la longueur

1 bâtonnet de cannelle

8 jaunes d'œufs

1 œuf entier

75 ml (⅓ tasse) de sucre granulé

3 à 4 c. à soupe de sucre turbinado ou de sucre granulé

VARIANTES : Pour faire une crème brûlée traditionnelle, ne mettez pas de piments ni de cannelle. Pour une crème au café, faites infuser 50 g (½ tasse) de graines de café corsé avec la crème. Pour obtenir une crème au citron, infusez 6 lamelles de zeste de citron avec la crème.

TRUC

- **Les boutiques spécialisées dans les ustensiles et le matériel de cuisine vendent des chalumeaux conçus spécialement pour caraméliser la crème brûlée. Vous pouvez aussi utiliser un chalumeau ordinaire vendu en quincaillerie.**

1. Dans une casserole à fond épais, sur feu moyen-doux, mélanger la crème, les piments, la gousse de vanille et le bâtonnet de cannelle. Laisser mijoter 10 min le plus doucement possible. Retirer la casserole du feu et laisser refroidir à la température ambiante.
2. Dans un grand bol, fouetter ensemble les jaunes d'œufs, l'œuf entier et le sucre granulé. Incorporer la crème refroidie à l'aide d'un fouet. Verser dans des plats ou des ramequins à crème brûlée. Mettre les plats dans une plaque à rôtir. Amener 1 litre (4 tasses) d'eau à ébullition.
3. Pendant ce temps, préparer le gril pour cuisson à chaleur indirecte (voir p. 12 pour cuisson au charbon de bois et p. 16 pour cuisson au gaz) et préchauffer à température moyenne. Si on a un appareil alimenté au gaz, mettre tous les copeaux de bois dans le bac à copeaux ou la papillote à copeaux (voir p. 17) et préchauffer à température élevée jusqu'à ce que l'on voie apparaître de la fumée, puis réduire à température moyenne.
4. Quand le gril est prêt, poser la plaque à rôtir au centre de la grille chaude, loin de la chaleur. Verser 1,25 cm (½ po) d'eau bouillante dans la plaque à rôtir en prenant soin de ne pas éclabousser la crème. Si on a un appareil alimenté au charbon, jeter les copeaux de bois sur les charbons. Fermer le couvercle du gril et griller de 25 à 35 min, jusqu'à ce que la crème soit prise. Mettre les ramequins sur une grille et laisser refroidir à la température ambiante. Conserver ensuite environ 4 h dans le réfrigérateur. On peut préparer la recette la veille jusqu'à cette étape-ci.
5. Si on utilise une salamandre, préparer le gril pour cuisson à chaleur directe (voir p. 10 pour cuisson au charbon de bois et p. 15 pour cuisson au gaz) et préchauffer à température élevée. Quand le gril est prêt, saupoudrer une fine couche de sucre turbinado (ou de sucre granulé) sur le dessus de chaque ramequin. Si on a un appareil alimenté au charbon, chauffer la salamandre dans la braise (étape 2, p. 163). Frapper la salamandre pour enlever tout surplus de cendre. Si on a un appareil alimenté au gaz, chauffer la salamandre sur la grille. Presser doucement la salamandre sur le dessus de chaque ramequin pour caraméliser le sucre. Réchauffer la salamandre au besoin pour que la caramélisation se fasse instantanément (cela sera peut-être nécessaire après avoir caramélisé 2 ou 3 crèmes). On peut aussi caraméliser le sucre avec un chalumeau (étape 4, p. 163). Servir immédiatement.

COMMENT RÔTIR *des poires et d'autres fruits*

CUISSON À CHALEUR INDIRECTE ★ TEMPS DE CUISSON : 40 À 60 MIN

TRUCS

- La poire comice est ma préférée. Rouge, généreuse et juteuse, elle a tout pour plaire. Vous pouvez aussi choisir la bosc ou l'anjou. Le fruit doit être mûr sans être mou.
- Pour que les poires tiennent debout, je coupe une fine tranche dans la partie inférieure. Ce truc est valable pour n'importe quel fruit dont le fond est arrondi.

Les pommes et les poires cuites au four font partie des desserts les plus réconfortants au monde. Je me suis longtemps demandé comment leur donner une saveur fumée agréable. La fumée équilibre merveilleusement le caractère sucré de ces fruits. Il ne faut pas craindre de les cuire sur le gril. Les poires donnent des résultats remarquables. Je crois que vous ne pourrez résister à la combinaison gagnante par excellence : poires, beurre, cassonade et fumée de bois. Avec un peu de glace à la vanille… quoi demander de plus ?

PRÉPARATION DU GRIL

1 Pour préparer un barbecue au charbon de bois pour une cuisson à chaleur indirecte, allumer d'abord les charbons dans une cheminée d'allumage (voir p. 9).

2 À l'aide d'un ustensile à long manche, repousser la braise de part et d'autre du gril afin de former deux zones de chaleur.

3 Si le gril est muni de paniers latéraux, répartir la braise également dans ces derniers et placer une lèchefrite au centre du gril.

PRÉPARATION DES POIRES

1 Avec un petit couteau, enlever une fine tranche dans la partie inférieure pour que les poires puissent tenir bien droit. Frotter la partie coupée avec du citron pour l'empêcher de changer de couleur.

2 Avec le même couteau, enlever la queue et une petite partie de la pulpe en découpant celle-ci en forme de cône.

3 Avec une cuillère à melon, évider et épépiner les poires.

4 Remplir la cavité avec la farce. Au lieu de jeter la chair qui vient d'être enlevée, je la coupe en petits dés et je l'ajoute à la farce. C'est ce que j'ai fait pour cette photo.

SUR LE GRIL : Dresser les poires farcies dans une lèchefrite en aluminium et la poser sur le gril. Ajouter des copeaux de bois pour générer de la fumée. Si on utilise un barbecue au charbon de bois, mettre les copeaux de bois sur la braise une fois que les poires sont sur le gril. Pour la cuisson au gaz, préchauffer les copeaux de bois dans le bac à copeaux ou la papillote à copeaux. Les poires sont prêtes après 40 à 60 min de cuisson, lorsqu'elles sont dorées et tendres.

Poires rôties et fumées

6 PORTIONS

NÉCESSAIRE : Une lèchefrite en aluminium pouvant contenir 6 poires, légèrement huilée ; 1 tasse de copeaux de bois (pommier, poirier, cerisier ou érable de préférence) trempés 1 h dans l'eau froide puis égouttés.

6 grosses poires mûres

½ citron

5 c. à soupe de beurre, à la température ambiante

5 c. à soupe de cassonade

5 c. à soupe de miettes de biscuits graham ou de noisettes moulues

½ c. à café (½ c. à thé) de zeste de citron, râpé

½ c. à café (½ c. à thé) de cannelle moulue

¼ c. à café (¼ c. à thé) de muscade moulue

½ c. à café (½ c. à thé) de clou de girofle moulu

1 c. à soupe de rhum

1 c. à café (1 c. à thé) d'extrait de vanille

1. Couper une fine tranche sur le dessus et en dessous des poires (étapes 1 et 2 de la p. 166). Jeter les tranches du dessous, mais conserver le chapeau du dessus. Évider les poires avec une cuillère à melon. Frotter les parties coupées avec un citron coupé pour éviter l'oxydation. Presser quelques gouttes de jus de citron à l'intérieur des poires.
2. Préparer la garniture : Battre le beurre et la cassonade dans un bol avec une cuillère de bois. Incorporer les miettes de biscuits graham, le zeste de citron, la cannelle, la muscade, le clou de girofle, le rhum et la vanille. Verser dans les poires et couvrir les fruits avec leur chapeau. Dresser les poires dans une lèchefrite en aluminium légèrement graissée. On peut préparer la recette jusqu'à cette étape plusieurs heures à l'avance.
3. Préparer le gril pour cuisson à chaleur indirecte (voir p. 12 pour cuisson au charbon de bois et p. 16 pour cuisson au gaz) et préchauffer à température moyenne. Si on a un appareil alimenté au gaz, mettre tous les copeaux ou morceaux de bois, si désiré, dans le bac à copeaux ou la papillote à copeaux (voir p. 17) et préchauffer à température élevée jusqu'à ce que de la fumée commence à se dégager, puis réduire à température moyenne.
4. Mettre la lèchefrite contenant les poires au centre de la grille chaude, loin de la source de chaleur. Si on a un barbecue au charbon de bois, remuer les copeaux de bois sur les charbons. Fermer le couvercle et laisser les poires rôtir de 40 à 60 min, jusqu'à ce qu'elles brunissent et qu'elles soient tendres sur le côté. Servir immédiatement.

VARIANTES : La garniture peut être rehaussée de plusieurs ingrédients : noix moulues, gingembre confit ou autres extraits.

POURQUOI PAS ? Les pommes et les coings fumés de cette manière sont également délicieux.

Poires Belle-Hélène sur le gril

4 PORTIONS

Quand j'étais étudiant à Paris, la poire Belle-Hélène était l'un de mes desserts favoris. Même si la recette ne semble plus aussi extraordinaire de nos jours, il faut avouer que l'association de poires pochées, de crème glacée à la vanille, de sauce au chocolat et d'amandes grillées est d'une simplicité qui frôle la perfection. Dans ma version, les poires fraîches sont enrobées d'une croûte épaisse d'amandes hachées qui pénètre directement dans les fruits.

1 carton rectangulaire ou cylindrique de 600 ml (20 oz) de crème glacée à la vanille, bien congelée

135 g (1 ¼ tasse) d'amandes blanchies, en julienne ou émincées

60 g (¼ tasse) de sucre

2 poires mûres (Anjou ou Comice)

½ citron

2 c. à soupe de beurre non salé, fondu

Huile de cuisson en vaporisateur

Sauce au chocolat chaude (ci-dessous)

4 brins de menthe fraîche

1. Préparer le gril pour cuisson à chaleur indirecte (voir p. 12 pour cuisson au charbon de bois et p. 16 pour cuisson au gaz) et préchauffer à température moyenne-élevée.
2. Peler et enlever le carton de la crème glacée. Couper le bloc de crème glacée en 4 tranches de même grosseur. Mettre une tranche au centre de chaque assiette ou bol à dessert et placer dans le congélateur.
3. Dans un bol peu profond, mélanger les amandes et le sucre.
4. Équeuter les poires et les couper en deux sur la longueur. Retirer le cœur à l'aide d'une cuillère à melon. Frotter les faces exposées avec le demi-citron pour les empêcher de brunir. Badigeonner les poires avec du beurre de chaque côté. Passer la face exposée des fruits dans les amandes et bien faire pénétrer en pressant doucement.
5. Quand le gril est prêt, brosser et huiler la grille. Déposer les poires, face coupée vers le haut, au centre de la grille, loin de la chaleur. Fermer le couvercle et cuire de 20 à 30 min, jusqu'à ce que les amandes soit bien dorées et que les poires soient tendres.
6. Pour servir, mettre 1 demi-poire sur chaque portion de crème glacée. Napper de la sauce au chocolat chaude et garnir de menthe fraîche. Servir immédiatement.

Sauce au chocolat chaude

ENVIRON 250 ML (1 TASSE)

6 c. à soupe de crème épaisse à fouetter (35 %)

180 g (6 oz) de chocolat mi-amer ou mi-sucré, haché grossièrement

½ c. à café (½ c. à thé) d'extrait de vanille

1. Verser la crème dans une casserole à fond épais et amener à début d'ébullition à feu vif. Incorporer le chocolat et baisser le feu au minimum. Laisser fondre le chocolat de 2 à 4 min. Incorporer la vanille. Réserver au chaud en mettant la casserole dans une poêle remplie d'eau qui mijote.

Prunes à la cannelle et sauce au porto

4 PORTIONS

Ces prunes grillées sont belles et délicieuses. On les embroche sur des bâtonnets de cannelle entiers, ce qui leur donne fière allure. Une sauce au porto parfumée à la cannelle sert à les badigeonner amoureusement. Badigeonnez la sauce parcimonieusement afin de ne pas attiser la flamme ni créer trop de fumée.

SAUCE AU PORTO

250 ml (1 tasse) de porto

2 clous de girofle entiers

2 rubans de zeste de citron de 1,25 x 4 cm (½ x 1 ½ po)

1 bâton de cannelle de 8 cm (3 po)

3 c. à soupe de sucre, ou plus au goût

1 ½ c. à café (1 ½ c. à thé) de fécule de maïs

1 c. à soupe de jus de citron frais pressé

PRUNES

4 grosses prunes mûres (voir Notes)

8 bâtons de cannelle de 8 cm (3 po)

8 rubans de zeste de citron de 1,25 x 4 cm (½ x 1 ½ po)

Crème glacée ou yaourt à la vanille

4 brins de menthe fraîche

1. Préparer la sauce : Verser le porto dans une casserole à fond épais. Piquer les clous de girofle dans les zestes et les ajouter au porto avec la cannelle et le sucre. Porter à ébullition à feu vif et laisser bouillir de 3 à 5 min, jusqu'à ce que le liquide commence à devenir sirupeux.
2. Diluer la fécule de maïs dans le jus de citron et verser lentement dans le porto. Baisser le feu et laisser mijoter de 1 à 2 min. Verser la sauce dans une passoire placée au-dessus d'un bol résistant à la chaleur. Laisser refroidir à température ambiante. Couvrir et conserver quelques jours dans le réfrigérateur si on ne l'utilise pas immédiatement.
3. Préparer les prunes : Couper les fruits en deux sur la longueur. Faire tourner les deux moitiés de chaque prune dans des directions opposées pour les séparer. Jeter le noyau. Couper chaque moitié en deux. À l'aide d'une brochette métallique, faire un trou au centre de chaque quartier. Embrocher deux quartiers sur chaque bâton de cannelle en les séparant avec un ruban de zeste. On peut préparer la recette quelques heures d'avance jusqu'à cette étape.
4. Préparer le gril pour cuisson à chaleur directe (voir p. 10 pour cuisson au charbon de bois et p. 15 pour cuisson au gaz) et préchauffer à température élevée.
5. Quand le gril est prêt, brosser et huiler la grille. Déposer les kebabs sur la grille chaude. Compter de 3 à 5 min de cuisson de chaque côté pour que les prunes soient bien dorées. Les badigeonner légèrement de sauce au porto en cours de cuisson.
6. Pour servir, mettre des boules de crème glacée dans des verres à martini, des verres à pied ou des petits bols. Déposer 2 brochettes sur chaque boule de crème glacée et napper de sauce au porto. Garnir de menthe et servir immédiatement.

NOTES : Toutes les variétés de prunes peuvent convenir à cette recette. Je préfère les grosses prunes de couleur violacée, pulpeuses et faciles à dénoyauter. Prélevez le zeste avec un éplucheur ou un couteau d'office. Les lanières doivent être extrêmement fines.

Sauces, sels épicés et condiments

Voici ce qui distingue les professionnels des amateurs ! Si plusieurs peuvent se vanter de savoir faire cuire les aliments sur le gril, combien ont le mérite de l'accompagner de la manière la plus judicieuse qui soit ?

Le sel à frotter est un mélange composé d'épices, de fines herbes et d'assaisonnements que l'on utilise pour masser ou frotter les aliments avant de les faire cuire. La sauce vadrouille, souvent à base de vinaigre, sert à badigeonner les aliments en cours de cuisson. On peut utiliser une petite vadrouille pour les enduire généreusement de ce liquide aromatisé. Quant aux beurres composés, on peut les utiliser pour le badigeonnage (surtout sur le pain grillé).

Les sauces peuvent servir à badigeonner et à arroser, mais on les utilise surtout pour accompagner les mets grillés. Elles varient selon les régions et il y a probablement autant de recettes de sauces barbecue qu'il y a d'amateurs de grillades ! Pour ce qui est des condiments, ils incluent les salsas, les chutneys et les relishs.

Pour vous donner des idées, je vous indique des agencements de base entre les sauces et les plats. Évidemment, au fil du temps, vous trouverez vous-même très certainement d'autres combinaisons qui seront tout aussi délicieuses.

Ail fumé

2 BULBES D'AIL

NÉCESSAIRE : Cure-dents de bois ; 1 ½ tasse de copeaux de bois (hickory ou chêne de préférence) trempés 1 h dans suffisamment d'eau froide puis égouttés.

Si l'on me demandait quel est l'ingrédient le plus essentiel à la cuisson au barbecue, je répondrais l'ail sans hésiter. De Buenos Aires à Bali, il est difficile de trouver un plat qui n'est pas parfumé d'une manière ou d'une autre avec cette plante indispensable.

2 bulbes d'ail

Huile de cuisson en vaporisateur (facultatif)

1. Préparer le gril pour cuisson à chaleur indirecte (voir p. 12 pour cuisson au charbon de bois et p. 16 pour cuisson au gaz) et préchauffer à température moyenne. Si on a un appareil alimenté au gaz, mettre les copeaux de bois dans le bac à copeaux (voir p. 17) et préchauffer jusqu'à ce qu'une fumée commence à se dégager.
2. Défaire les bulbes en gousses. Couper la racine de chaque gousse et les peler (voir Note). Enfiler les gousses sur des cure-dents (3 ou 4 par cure-dent).
3. Quand le gril est prêt, brosser et huiler la grille. Jeter les copeaux de bois de part et d'autre sur la braise si on a un barbecue au charbon de bois. Placer les brochettes d'ail au centre de la grille, loin de la chaleur, fermer le couvercle et cuire de 20 à 30 min ou jusqu'à ce que l'ail soit doré, en s'assurant qu'il ne brûle pas.
4. Mettre les gousses dans un plat ovale et enlever les cure-dents. L'ail grillé se conserve quelques semaines dans un bocal hermétique placé dans le réfrigérateur.

NOTE: Pour peler les gousses d'ail, pressez-les doucement avec le plat d'un couperet et faites-les glisser de leur pelure.

TRUC

- **Quoi faire avec l'ail fumé? Il s'agit d'abord d'un délice à grignoter tel quel comme hors-d'œuvre. Vous pouvez aussi l'étendre sur des bruschettas (voir p. 39) ou l'utiliser pour faire du pain à l'ail. Réduisez-le en purée avec des pois chiches pour obtenir un hoummos exceptionnel ou avec de la mayonnaise pour faire un aïoli original. Faites-en tremper quelques gousses dans de l'huile l'olive pour faire une vinaigrette ou une sauce à badigeonner. Enfilez quelques gousses sur un cure-dent et mettez-les dans un martini. Les possibilités sont illimitées.**

VARIANTE : Vous pouvez aussi cuire l'ail en le fumant dans le fumoir. Si vous utilisez un fumoir, suivez les instructions du manufacturier. Préchauffez à 110-120 °C (225-250 °F). Placez l'ail dans le fumoir et faites fumer environ deux heures à feu doux.

COMMENT FAIRE *des beurres composés*

Lorsqu'on lui demandait de dévoiler le secret ultime de la grande cuisine, le grand chef Fernand Point s'exclamait : « Du beurre ! Donnez-moi du beurre ! Toujours du beurre ! » Son bon conseil convient parfaitement à la cuisson au barbecue. Les beurres composés sont faciles à faire et je suis heureux de partager avec vous mes recettes préférées.

PRÉPARATION D'UN BEURRE COMPOSÉ

1 Ajouter des fines herbes, de l'ail et/ou du fromage au beurre ramolli et l'étendre sur une feuille de pellicule plastique ou de papier parchemin.

2 Rouler le beurre composé en formant un cylindre compact.

3 Bien refermer les bouts pour sceller. Raffermir le beurre composé dans le réfrigérateur. On peut aussi le garder au congélateur pendant 3 mois.

Beurre d'ail aux fines herbes

DONNE ENVIRON 120 G (½ TASSE)

3 c. à soupe de fines herbes fraîches, finement hachées (incluant persil, ciboulette, basilic, origan et estragon)

1 gousse d'ail, émincée

½ c. à café (½ c. à thé) de poivre noir

8 c. à soupe (1 bâtonnet) de beurre salé, à la température ambiante

1. Dans un petit bol, combiner tous les ingrédients avec une cuillère de bois jusqu'à consistance légère et duveteuse. On peut aussi utiliser le mélangeur ou le robot de cuisine.
2. Tel qu'indiqué aux étapes 1 à 3 de la page 175, étendre une feuille de pellicule plastique ou de papier parchemin de 30 cm (12 po) sur une surface de travail. Mettre le beurre au centre du papier et rouler pour former un cylindre compact. Fermer les bouts pour bien sceller et conserver dans le réfrigérateur ou le congélateur jusqu'à ce que le beurre soit ferme. Ce beurre se conserve 5 jours dans le réfrigérateur et jusqu'à 3 mois dans le congélateur. Développer le rouleau et couper en tranches de 1,25 cm (½ po).

NOTE : Accompagne très bien tous les types de légumes grillés.

Beurre d'estragon

DONNE ENVIRON 120 G (½ TASSE)

3 c. à soupe de feuilles d'estragon frais, finement hachées, ou d'une autre herbe fraîche

½ c. à café (½ c. à thé) de zeste de citron, finement râpé

Quelques gouttes de jus de citron frais

½ c. à café (½ c. à thé) de poivre noir

8 c. à soupe (1 bâtonnet) de beurre salé, à la température ambiante

NOTE : Accompagne très bien les légumes grillés et plus particulièrement le maïs et les tomates grillés.

1. Dans un petit bol, combiner tous les ingrédients avec une cuillère de bois jusqu'à consistance légère et duveteuse. On peut aussi utiliser le mélangeur ou le robot de cuisine.
2. Tel qu'indiqué aux étapes 1 à 3 de la page 175, étendre une feuille de pellicule plastique ou de papier parchemin de 30 cm (12 po) sur une surface de travail. Mettre le beurre au centre du papier et rouler pour former un cylindre compact. Fermer les bouts pour bien sceller et conserver dans le réfrigérateur ou le congélateur jusqu'à ce que le beurre soit ferme. Ce beurre se conserve 5 jours dans le réfrigérateur et jusqu'à 3 mois dans le congélateur. Développer le rouleau et couper en tranches de 1,25 cm (½ po).

TRUC

- **L'estragon a une saveur délicate rappelant celle de la réglisse. Vous devez utiliser de l'estragon frais puisque les fines herbes séchées ont perdu une grande partie de leur saveur originale.**

Beurre d'ail rôti

DONNE ENVIRON 120 G (½ TASSE)

Un beurre d'ail de grande classe ! L'ail est rôti, ce qui lui confère une saveur très douce. La cuisson fait aussi ressortir son goût sucré qui s'allie bien au parmigiano reggiano.

- 1 tête d'ail
- 6 c. à soupe de beurre, à la température ambiante
- 2 c. à soupe de fines herbes fraîches, finement hachées (incluant persil plat, cerfeuil, basilic, romarin, origan et ciboulette)
- 3 c. à soupe de parmesan, fraîchement râpé
- Gros sel et poivre noir

1. Préparer le gril pour cuisson à chaleur directe (voir p. 10 pour cuisson au charbon de bois et p. 15 pour cuisson au gaz) et préchauffer à température moyenne.
2. Envelopper la tête d'ail dans une feuille d'aluminium en laissant une ouverture sur le dessus pour pouvoir surveiller la cuisson. Quand le gril est prêt, mettre l'ail sur la grille chaude. Griller de 30 à 40 min, en le retournant de temps à autre avec une pince. Ne pas laisser brûler. On peut aussi griller l'ail dans un four préchauffé à 180 °C (350 °F). Le temps de cuisson sera le même. Laisser refroidir sur un plateau à la température ambiante.
3. Dans un petit bol, combiner le beurre, les fines herbes et le parmesan avec une cuillère de bois jusqu'à consistance légère et duveteuse. Couper la tête d'ail en deux et presser les gousses au-dessus du bol. Saler, poivrer et bien remuer.
4. Tel qu'indiqué aux étapes 1 à 3 de la page 175, étendre une feuille de pellicule plastique ou de papier parchemin de 30 cm (12 po) sur une surface de travail. Mettre le beurre au centre du papier et rouler pour former un cylindre compact. Fermer les bouts pour bien sceller et conserver dans le réfrigérateur ou le congélateur jusqu'à ce que le beurre soit ferme. Ce beurre se conserve 5 jours dans le réfrigérateur et jusqu'à 3 mois dans le congélateur. Développer le rouleau et couper en tranches de 1,25 cm (½ po).

NOTE : Accompagne très bien le pain à l'ail.

Beurre au parmesan, à la sauge et au poivre

DONNE ENVIRON 120 G (½ TASSE)

8 c. à soupe de beurre non salé à température ambiante

30 g (¼ tasse) de parmigiano reggiano frais râpé

4 feuilles de sauge fraîche, en fines juliennes, ou 1 c. à café (1 c. à thé) de sauge séchée

1 c. à soupe de poivre noir concassé

Gros sel de mer ou sel casher

1. À l'aide du robot de cuisine, mélanger le beurre, le parmesan, la sauge et le poivre jusqu'à consistance crémeuse. Saler au goût. Si l'on prépare ce beurre d'avance, le diviser en parts égales sur 2 feuilles de pellicule plastique. Rouler chaque feuille en formant un cylindre bien serré et tordre les bouts pour sceller. Conserver dans le réfrigérateur jusqu'à 5 jours ou dans le congélateur jusqu'à trois mois. Pour servir, mettre environ 1 c. à soupe de beurre sur chaque portion ou développer un rouleau et découper des tranches de 1,25 cm (½ po) d'épaisseur (1 tranche par portion).

NOTE : Accompagne très bien la polenta grillée.

Beurre au citron vert et au piment chipotle

DONNE ENVIRON 120 G (½ TASSE)

1 à 2 piments chipotles en conserve, coupés en deux sur la longueur, épépinés (garder les graines si l'on veut un goût plus piquant) et hachés

1 gousse d'ail, émincée

½ c. à café (½ c. à thé) de zeste de citron vert frais râpé

2 c. à café (2 c. à thé) de jus de citron vert frais pressé, ou plus au goût

8 c. à soupe de beurre non salé à température ambiante

Gros sel de mer ou sel casher

1. Mettre les piments, l'ail, le zeste, le jus et le beurre dans le robot de cuisine et bien mélanger jusqu'à consistance crémeuse. Ajouter du jus de citron vert si nécessaire et saler au goût. Si l'on prépare ce beurre d'avance, le diviser en parts égales sur 2 feuilles de pellicule plastique. Rouler chaque feuille en formant un cylindre bien serré et tordre les bouts pour sceller. Conserver dans le réfrigérateur jusqu'à 5 jours ou dans le congélateur jusqu'à trois mois. Pour servir, mettre environ 1 c. à soupe de beurre sur chaque portion ou développer un rouleau et découper des tranches de 1,25 cm (½ po) d'épaisseur (1 tranche par portion).

NOTE : Accompagne très bien les quesadillas et les poivrons grillés.

TRUC

- **Achetez des piments chipotles en conserve (chipotles en adobo). Ils ont plus de saveur que les piments séchés parce qu'ils sont conservés dans une marinade à base de vinaigre et d'épices appelée adobo.**

Beurre à l'oignon et au cari

DONNE ENVIRON 120 G (½ TASSE)

8 c. à soupe de beurre non salé à température ambiante

1 petit oignon, en rondelles minces comme du papier

2 c. à café (2 c. à thé) de cari

1 c. à café (1 c. à thé) de graines de moutarde (noires de préférence)

Gros sel de mer ou sel casher et poivre noir frais moulu

1. Faire fondre 2 c. à soupe de beurre à feu moyen dans une poêle à frire antiadhésive. Ajouter les oignons, le cari et les graines de moutarde. Cuire environ 10 min, jusqu'à ce que les oignons soient tendres et très colorés. Baisser le feu quand les oignons commencent à brunir afin qu'ils ne brûlent pas. Transvider dans le bol du robot de cuisine et laisser reposer à température ambiante.
2. Ajouter le beurre restant (6 c. à soupe) et mélanger jusqu'à consistance crémeuse. Rectifier l'assaisonnement en sel et en poivre si nécessaire.
3. Si l'on prépare ce beurre d'avance, le diviser en parts égales sur 2 feuilles de pellicule plastique. Rouler chaque feuille en formant un cylindre bien serré et tordre les bouts pour sceller. Conserver dans le réfrigérateur jusqu'à 5 jours ou dans le congélateur jusqu'à trois mois. Pour servir, mettre environ 1 c. à soupe de beurre sur chaque portion ou développer un rouleau et découper des tranches de 1,25 cm (½ po) d'épaisseur (1 tranche par portion).

NOTE : Accompagne très bien les champignons grillés.

TRUC

- **On trouve des graines de moutarde noire dans les épiceries indiennes et les magasins d'aliments naturels. Les graines de moutarde jaune et blanche conviennent également à cette recette.**

COMMENT FAIRE *des sauces barbecue*

La sauce est l'élément vital de la cuisine au barbecue. Cette affirmation serait probablement contestée par certains Texans qui prétendent que les deux éléments les plus importants du barbecue sont la cuisson lente et la fumée de bois. Mais pour le reste du monde, la sauce est aussi essentielle au barbecue que le sang l'est au corps humain. Mais de quelle sauce parle-t-on au juste? Chaque région a sa propre recette et refuse que l'on viole ses précieuses traditions. Aux États-Unis seulement, plus de 700 sauces barbecue sont vendues dans le commerce sans compter celles qui sont faites dans d'autres pays. Nul besoin de vous dire qu'il est aussi difficile pour moi de vous nommer les meilleures sauces barbecue que de vous donner les titres des dix meilleures chansons rock des cinquante dernières années. Les sauces que je vous propose ici peuvent être utilisées en cours de cuisson – ou au moment du service. Les sauces qui renferment du sucre devraient être utilisées en toute fin de cuisson, ce qui les empêchera de brûler.

TRUC

- Si vous avez préparé votre sauce à l'avance, sortez-la du réfrigérateur pour qu'elle soit servie à la température ambiante. Elle aura ainsi meilleur goût et ne refroidira pas les aliments chauds.

Sauce barbecue classique

DONNE ENVIRON 625 ML (2 ½ TASSES)

Voici la sauce barbecue la plus classique qui soit aux États-Unis. La cassonade et la mélasse lui donnent un léger goût sucré, tandis que le concentré de fumée lui confère une saveur typique de fumée.

- 500 ml (2 tasses) de ketchup
- 60 ml (¼ tasse) de vinaigre de cidre
- 60 ml (¼ tasse) de sauce Worcestershire
- 45 g (¼ tasse) de cassonade bien tassée
- 2 c. à soupe de mélasse
- 2 c. à soupe de moutarde
- 1 c. à soupe de sauce tabasco
- 1 c. à soupe de sel à frotter au goût
- 2 c. à café (2 c. à thé) d'arôme de fumée liquide (voir Notes)
- ½ c. à café (½ c. à thé) de poivre noir

1. Mélanger tous les ingrédients dans une casserole à l'épreuve de la corrosion et amener doucement à ébullition sur feu moyen-élevé. Réduire à température moyenne et laisser mijoter doucement de 10 à 15 min, jusqu'à ce que la sauce soit foncée, épaisse et bien aromatisée. Transvider dans des bocaux propres (voire stérilisés) et garder dans le réfrigérateur. Se garde pendant quelques mois.

NOTES : L'arôme de fumée liquide est un produit naturel que l'on trouve dans la plupart des supermarchés. Au moment de le verser, mettez votre pouce sur l'ouverture de la bouteille pour ne pas mettre une goutte de trop. Ce concentré a un goût très prononcé.
Accompagne très bien le tofu, les légumes grillés et les patates douces.

Sauce barbecue hoisin

DONNE ENVIRON 500 ML (2 TASSES)

La poudre de cinq-épices et la sauce hoisin permettent de préparer une sauce barbecue foncée, épaisse, fumée, sucrée et légèrement anisée. La sauce hoisin, épaisse et sucrée, est faite avec des haricots de soja, des épices et du sucre. On en trouve dans toutes les épiceries orientales et dans la plupart des supermarchés.

125 ml (½ tasse) de sauce hoisin

125 ml (½ tasse) de ketchup

125 ml (½ tasse) de saké, de vinaigre de riz chinois ou de xérès sec

2 à 4 c. à soupe de sauce piquante thaïlandaise (Sriracha) ou d'une autre sauce piquante

1 c. à soupe de vinaigre de riz ou de vinaigre blanc distillé

2 c. à café (2 c. à thé) de gingembre frais, pelé et émincé

1 gousse d'ail, émincée

1 c. à café (1 c. à thé) de poudre de cinq-épices

1. Mélanger tous les ingrédients dans une casserole à l'épreuve de la corrosion et amener doucement à ébullition sur feu moyen. Réduire à température moyenne et laisser mijoter doucement environ 5 min, jusqu'à ce que la sauce soit épaisse et bien aromatisée. Transvider dans des bocaux propres (voire stérilisés) et garder dans le réfrigérateur. Se garde pendant quelques mois.

NOTE : Accompagne très bien le tofu, les légumes grillés et les patates douces.

TRUC

- **Une bonne sauce barbecue doit être un bon dosage de sucre (cassonade et mélasse) et d'acidité (vinaigre ou jus de citron). Mariez le caractère fruité du jus de pomme brut ou de la marmelade avec le goût âcre de l'oignon et de l'ail. Utilisez le concentré de fumée avec parcimonie et utilisez la sauce piquante ou le poivre de Cayenne pour ajouter un peu de feu à la sauce…**

COMMENT FAIRE *des sauces vadrouille*

Les sauces dont on enduit certains aliments à l'aide d'une petite vadrouille en cours de cuisson sont très parfumées. La plupart sont à base de vinaigre et contiennent du sel, du poivre, du piment fort rouge en flocons ou du poivre de Cayenne. On leur ajoute différents ingrédients tels que des rondelles d'oignon, de l'ail et des piments forts. Contrairement à la sauce barbecue, ces sauces réservées pour arroser ne renferment aucun sucre, ce qui les empêche de brûler lorsqu'elles sont exposées au feu pendant de longues minutes.

Utilisez une petite vadrouille pour bien enduire les aliments de sauce vadrouille.

Sauce vadrouille classique

DONNE ENVIRON 500 ML (2 TASSES)

- 500 ml (2 tasses) de vinaigre blanc distillé
- 1 c. à soupe de gros sel
- 1 c. à café (1 c. à thé) de poivre noir, ou plus au goût
- 1 c. à café (1 c. à thé) de piment fort rouge en flocons, ou plus au goût
- 1 petit oignon, coupé en fines tranches
- 1 piment jalapeno, coupé en fines tranches

1. Dans un bol à l'épreuve de la corrosion, mélanger le vinaigre, le sel, le poivre et le piment en flocons. Fouetter jusqu'à dissolution du sel. Ajouter les oignons et les piments jalapenos. Goûter et ajouter au besoin du poivre ou du piment en flocons. Utiliser cette sauce pour badigeonner le porc ou le poulet une fois que l'extérieur est cuit. On peut la préparer quelques heures à l'avance, mais il faut l'utiliser le jour même.

NOTE: Accompagne très bien le tofu et les légumes grillés.

TRUC

- **Modifiez la recette en lui ajoutant des ingrédients que vous aimez : bière, vin, whisky, fines herbes, ail, jus de citron, huile d'olive, etc. Remplacez une partie du vinaigre par du vin, de la bière ou du jus de citron. Le whisky et l'huile d'olive peuvent être ajoutés librement au vinaigre.**

COMMENT FAIRE *des sels à frotter*

Les sels épicés sont l'assaisonnement de base de la cuisine au barbecue. Il s'agit d'un simple mélange de sel, de sucre, d'épices et de fines herbes qui ajoute des couches de saveurs complexes aux aliments que l'on fera griller. On utilise les sels épicés de deux façons. Vous pouvez en assaisonner les aliments avant de les poser sur le gril mais, mieux encore, vous pouvez les frotter sur les aliments plusieurs heures à l'avance (et même une journée), ce qui permettra de les assaisonner et de les saler en même temps. Vous obtiendrez ainsi la saveur caractéristique du vrai barbecue. Saupoudrez vos aliments avec le sel épicé de votre choix et faites-le pénétrer en massant doucement le tofu, les légumes et même les fromages.

Sel à frotter barbecue

DONNE ENVIRON 120 G (1 TASSE)

45 g (1/4 tasse) de cassonade bien tassée
30 g (1/4 tasse) de paprika doux
3 c. à soupe de poivre noir
3 c. à soupe de gros sel
1 c. à soupe de sel de hickory ou de gros sel
2 c. à café (2 c. à thé) de poudre d'ail
2 c. à café (2 c. à thé) de poudre d'oignon
2 c. à café (2 c. à thé) de graines de céleri
1 c. à café (1 c. à thé) de poivre de Cayenne

1. Mélanger tous les ingrédients dans un bol. (Avec les mains plutôt qu'un fouet ou une cuillère pour mieux défaire les grumeaux de cassonade.) Se conserve au moins 6 mois dans un bocal à fermeture hermétique, à l'abri de la chaleur et de la lumière.

TRUC

- **Pour obtenir un mélange plus épicé, remplacez le paprika doux par du paprika fort.**

Assaisonnement au sésame

DONNE ENVIRON 90 G (3/4 TASSE)

Dites « Sésame, ouvre-toi ! » Ces petites graines ajoutent une saveur de noisette au sel à frotter. Ici, nous utilisons des graines de sésame blanches, des graines de sésame grillées et des graines de sésame noires (en vente dans les épiceries japonaises). Contrairement aux autres sels à frotter, celui-ci est meilleur si on en saupoudre les aliments dès leur sortie du gril.

120 g (1/2 tasse) de graines de sésame blanches

60 g (1/4 tasse) de graines de sésame noires

50 g (1/4 tasse) de gros sel

1 c. à soupe d'ail en flocons

1. Préchauffer un petit poêlon en fonte ou en acier inoxydable sur feu moyen. Ajouter la moitié des graines de sésame blanches et griller de 2 à 4 min, jusqu'à ce qu'elles brunissent. Ne pas trop griller afin qu'elles ne deviennent pas amères. (On fait griller la moitié des graines de sésame blanches seulement pour des raisons esthétiques et gastronomiques ; on aura ainsi trois couleurs et trois goûts différents.)
2. Ajouter les autres ingrédients et remuer. Se conserve au moins 6 mois dans un bocal à fermeture hermétique, à l'abri de la chaleur et de la lumière.

Épices barbecue fumées tout usage

DONNE ENVIRON 120 G (1 TASSE)

70 g (1/3 tasse) de cassonade foncée ou de sucre roux bien tassé

60 g (1/4 tasse) de sel à la fumée de noyer

25 g (1/4 tasse) de paprika doux

2 c. à soupe de poivre noir frais moulu

1 c. à soupe d'ail en flocons

1 c. à soupe d'oignon en flocons

1 c. à café (1 c. à thé) de graines de céleri

1. Mettre tous les ingrédients dans un petit bol et mélanger en prenant soin de défaire avec les doigts les grumeaux formés par la cassonade. Conserver dans un bocal hermétique à l'abri de la chaleur et de la lumière. Ces épices se conservent au moins 6 mois.

NOTE : Si vous préférez les épices plus fortes, remplacez le paprika doux par du paprika fort. Pour obtenir une saveur typique du Texas, ajoutez 2 c. à soupe d'assaisonnement au chili.

TRUC

- **Le sel à la fumée de noyer nous rappelle les bonnes odeurs de barbecue qui se dégagent pendant la cuisson en plein air. On en trouve dans la plupart des supermarchés, mais vous pouvez le remplacer par du sel ordinaire.**

Sel à frotter à la mode cajun

DONNE ENVIRON 90 G (3/4 TASSE)

50 g (1/4 tasse) de gros sel
30 g (1/4 tasse) de paprika doux
1 c. à soupe d'ail en flocons
1 c. à soupe d'oignon en flocons
1 c. à soupe de feuilles de thym séché
1 c. à soupe d'origan séché
1 c. à soupe de poivre noir
2 c. à café (2 c. à thé) de poivre blanc
1 à 2 c. à café (1 à 2 c. à thé) de poivre de Cayenne
1 c. à café (1 c. à thé) de feuille de laurier moulue

1. Mélanger tous les ingrédients dans un petit bol. (Avec les mains plutôt qu'un fouet ou une cuillère.) Se conserve au moins 6 mois dans un bocal à fermeture hermétique, à l'abri de la chaleur et de la lumière.

Sel à frotter chili

DONNE ENVIRON 120 G (1 TASSE)

1 ou 2 piments chipotles séchés, ouverts et épépinés
2 c. à soupe de grains de poivre noir
1 c. à soupe de graines de cumin
1 c. à soupe de graines de coriandre
1 c. à soupe de graines de moutarde jaunes
50 g (1/4 tasse) de gros sel
30 g (1/4 tasse) de poudre de chili doux ou de paprika
2 c. à soupe de cassonade
1 c. à soupe d'ail en flocons
1 c. à soupe d'oignon en flocons
1 c. à soupe d'origan séché

1. Préchauffer un petit poêlon en fonte ou en acier inoxydable sur feu moyen. Ajouter les chipotles, les grains de poivre, le cumin, la coriandre et les graines de moutarde. Griller de 2 à 4 min. Mettre d'abord les chipotles qui demandent plus de temps pour griller. Ne pas trop griller afin que les épices ne deviennent pas amères. Transvider dans un bol à l'épreuve de la chaleur et laisser refroidir.
2. Moudre finement les épices à l'aide d'un mortier et d'un pilon ou dans un moulin à épices. Les remettre dans le bol et les mélanger avec les autres ingrédients du bout des doigts. Se conserve au moins 6 mois dans un bocal à fermeture hermétique, à l'abri de la chaleur et de la lumière.

Sel à frotter à la mode chinoise

DONNE ENVIRON 90 G (3/4 TASSE)

Depuis des siècles, les Chinois préparent un mélange délicieux appelé poudre de cinq-épices. Ce mélange varie selon les chefs et peut inclure de 4 à 7 épices selon le cas. Pour transformer cette poudre en sel à frotter, je lui ai simplement ajouté du sel et de la cassonade.

POUDRE DE CINQ-ÉPICES

3 anis étoilés entiers

2 c. à soupe de grains de poivre du Séchouan

1 c. à soupe de grains de poivre blanc

1 c. à soupe de graines de fenouil

½ c. à café (½ c. à thé) de clous de girofle entiers

½ bâtonnet de cannelle

SEL À FROTTER

50 g (¼ tasse) de gros sel

45 g (¼ tasse) de cassonade bien tassée

1. Préparer la poudre de cinq-épices en préchauffant un poêlon sec sur feu moyen. Ajouter l'anis étoilé, les deux poivres, le fenouil, le clou de girofle et la cannelle. Griller de 2 à 4 min sans exagérer, afin que les épices ne deviennent pas amères. Transvider dans un bol et laisser refroidir. Moudre finement dans un moulin à épices ou à l'aide d'un mortier et d'un pilon.
2. Remettre les épices dans le bol, puis ajouter le sel et la cassonade (avec les doigts pour mieux défaire les grumeaux de cassonade). Se conserve au moins 6 mois dans un bocal à fermeture hermétique, à l'abri de la chaleur et de la lumière.

ÉPICER LES ÉPICES : Pour rehausser le goût de n'importe quel sel à frotter, prenez des épices entières et ne les réduisez en poudre qu'au fur et à mesure de vos besoins. Les épices entières renferment davantage d'huiles aromatiques que les épices moulues. C'est un peu comme râper son parmesan juste avant de servir plutôt que de l'acheter en contenant. Utilisez un moulin à épices ou à café.

Griller les épices dans un poêlon jusqu'à ce que leur odeur commence à se dégager. Ici, je suis en train de faire le sel à frotter à la mode chinoise.

Pulvériser les épices à l'aide d'un mortier et d'un pilon ou dans un moulin à épices ou à café. Quand tous les ingrédients requis ont été ajoutés, conserver le mélange dans un bocal à fermeture hermétique, à l'abri de la chaleur et de la lumière.

Sel à frotter à la mode javanaise

DONNE ENVIRON 90 G (¾ TASSE)

Il peut sembler étrange d'utiliser du café dans la composition d'un sel à frotter, mais vous ne vous tromperez pas avec cette recette. Pour plus de saveur, prendre la même quantité de grains de poivre entiers, de cumin et de graines de coriandre. Les griller et les moudre soi-même plutôt que d'acheter des épices déjà moulues.

6 c. à soupe de café moulu
2 c. à soupe de gros sel
2 c. à soupe de cassonade
2 c. à soupe de paprika doux
2 c. à café (2 c. à thé) de poivre noir
2 c. à café (2 c. à thé) de poudre d'ail
2 c. à café (2 c. à thé) de poudre d'oignon
1 c. à café (1 c. à thé) de cumin moulu
1 c. à café (1 c. à thé) de coriandre moulue
1 c. à café (1 c. à thé) de poudre de cacao non sucrée

1. Mélanger tous les ingrédients dans un bol (avec les doigts pour mieux défaire les grumeaux de cassonade). Se conserve au moins 6 mois dans un bocal à fermeture hermétique, à l'abri de la chaleur et de la lumière.

Sel à frotter aux herbes de Provence

DONNE ENVIRON 120 G (1 TASSE)

3 c. à soupe d'estragon séché
3 c. à soupe d'origan séché
3 c. à soupe d'aneth séché
3 c. à soupe de thym séché
3 c. à soupe de romarin séché
3 c. à soupe de gros sel
2 c. à soupe de poivre au citron (voir Note)
3 c. à soupe d'ail en flocons

1. Mélanger tous les ingrédients dans un petit bol. (Avec les mains plutôt qu'un fouet ou une cuillère.) Se conserve au moins 6 mois dans un bocal à fermeture hermétique, à l'abri de la chaleur et de la lumière.

NOTE : Le poivre au citron est du poivre noir moulu mélangé à du zeste de citron. On en trouve dans la plupart des supermarchés.

Sel à frotter mucho macho

DONNE ENVIRON 90 G (3/4 TASSE)

- 3 c. à soupe de gros sel
- 3 c. à soupe de grains de poivre noir concassés
- 3 c. à soupe de piment fort rouge en flocons
- 3 c. à soupe d'oignon en flocons
- 3 c. à soupe de persil séché

1. Mélanger tous les ingrédients dans un petit bol. (Avec les mains plutôt qu'un fouet ou une cuillère.) Se conserve au moins 6 mois dans un bocal à fermeture hermétique, à l'abri de la chaleur et de la lumière.

TRUC

- **Pour donner plus de goût au sel à frotter, faites griller les épices entières sur feu moyen dans un poêlon sec. Cela les caramélisera légèrement tout en faisant ressortir leurs huiles aromatiques. Une poêle en fonte ou en acier inoxydable donnera les meilleurs résultats ; n'utilisez pas un poêlon à revêtement antiadhésif. Les épices continueront à griller une fois le poêlon retiré du feu. Versez-les dans un bol à l'épreuve de la chaleur. Si vous les grillez trop longtemps, elles brûleront ou développeront un goût amer.**

COMMENT FAIRE *des sauces classiques*

On dit souvent qu'il suffit d'une simple robe noire pour attirer les regards dans une soirée. La même chose est vraie en cuisine puisque les sauces les plus classiques sont souvent les plus appréciées. On peut aussi les adapter à volonté selon ses goûts et ses humeurs. Voici les meilleures sauces classiques pour accompagner des aliments simplement grillés ou longuement fumés. Ne les utilisez pas pour badigeonner les aliments en cours de cuisson. Servez-les plutôt à table pour rehausser merveilleusement les plats.

Chimichurri

DONNE ENVIRON 750 ML (3 TASSES) ★ 4 PORTIONS

Il y a une dizaine d'années, les Européens et les Nord-Américains n'avaient encore jamais entendu parler du chimichurri. Aujourd'hui, cette sauce piquante au persil et à l'ail qui a vu le jour en Argentine a trouvé des adeptes dans plusieurs pays. La recette traditionnelle contient seulement du persil et vous pouvez vous contenter de la faire ainsi (utiliser 100 g/2 ½ tasses de feuilles de persil). Personnellement, j'aime lui ajouter de la coriandre et de la menthe fraîche.

40 g (1 tasse) de feuilles de persil plat frais, lavées, équeutées et bien tassées

40 g (1 tasse) de feuilles de coriandre fraîche, lavées, équeutées et bien tassées

30 g (1 tasse) de feuilles de menthe fraîche, lavées, équeutées et bien tassées

6 gousses d'ail, grossièrement hachées

1 c. à café (1 c. à thé) de gros sel, ou plus au goût

½ c. à café (½ c. à thé) de poivre noir

½ c. à café (½ c. à thé) de piment fort rouge en flocons

250 ml (1 tasse) d'huile d'olive extravierge

75 ml (⅓ tasse) de vinaigre blanc distillé, ou plus au goût

75 ml (⅓ tasse) d'eau froide

1. Dans le robot de cuisine, hacher finement le persil, la coriandre, la menthe et l'ail. Ajouter le sel, le poivre, le piment en flocons et mélanger. Verser l'huile, le vinaigre et l'eau et continuer de mélanger jusqu'à ce que la sauce soit épaisse. Goûter et ajouter au besoin du sel ou du vinaigre. Le chimichurri doit être très assaisonné. Servir au cours des heures suivantes.

NOTE : Accompagne très bien les portobellos grillés, les brochettes de légumes et les aubergines grillées.

1 Mettre l'ail et les fines herbes dans le robot de cuisine, les hacher finement puis ajouter les autres épices.

2 Pendant que le moteur tourne, ajouter l'huile d'olive en mince filet, puis le vinaigre et l'eau. Mélanger jusqu'à épaississement.

Chutney à la coriandre

DONNE ENVIRON 250 ML (1 TASSE) ★ 4 PORTIONS

1 botte de coriandre fraîche (environ 40 g/1 tasse)

2 gousses d'ail, hachées

1 à 3 piments jalapenos, épépinés et hachés (laisser les graines pour un goût plus piquant)

3 c. à soupe de noix, hachées

2 c. à soupe d'oignons, hachés

60 ml (¼ tasse) de jus de citron, ou plus au goût

1 c. à soupe d'huile végétale

1 c. à café (1 c. à thé) de gros sel, ou plus au goût

½ c. à café (½ c. à thé) de poivre noir, ou plus au goût

½ c. à café (½ c. à thé) de sucre

1. Réduire tous les ingrédients en purée dans le robot de cuisine en raclant les parois du bol à quelques reprises et en ajoutant 4 ou 5 c. à soupe d'eau au besoin, de manière à obtenir une sauce facile à verser. Goûter et ajouter au besoin du sel, du poivre ou du jus de citron. Le chutney doit être piquant et riche en saveur. On peut le conserver quelques jours dans le réfrigérateur, mais il sera meilleur si on le sert quelques heures après sa préparation.

NOTE : Accompagne très bien le tofu et les légumes grillés et le camembert grillé.

COUPER UN CITRON EN QUARTIERS

La sauce fait partie intégrante de la cuisine au barbecue. Le jus de citron frais est certainement la sauce la plus facile à préparer. Voici une technique utile pour couper des quartiers de citron faciles à presser et sans pépins.

1 Couper les bouts du citron.

2 Couper le fruit en deux sur la longueur. Tenir chaque demi-citron à la verticale et le couper en quartiers. Ceux-ci ayant une extrémité plate, on pourra les presser plus facilement.

3 Enlever les pépins et la partie blanche et fibreuse au centre. Les quartiers sont maintenant prêts.

Crème fouettée au wasabi

DONNE ENVIRON 375 ML (1 ½ TASSE) ★ 6 À 8 PORTIONS

1 c. à soupe de wasabi en poudre

250 ml (1 tasse) de crème épaisse (35 %), refroidie

½ c. à café (½ c. à thé) de jus de citron, ou plus au goût

Gros sel

1. Mélanger le wasabi avec 1 c. à soupe d'eau dans un petit bol pour former une purée. Laisser reposer 5 min. Pendant ce temps, dans un bol refroidi, battre la crème avec le batteur électrique jusqu'à formation de pics mous. Incorporer la purée de wasabi, le jus de citron et le sel. Ajouter du jus de citron et du sel au besoin. La crème doit être bien assaisonnée. On peut la préparer quelques heures à l'avance et la garder bien couverte dans le réfrigérateur.

NOTES : On dit que le wasabi c'est le raifort des Japonais. On le trouve surtout sous forme de poudre, que l'on mélange avec de l'eau pour obtenir une pâte. Vous en trouverez dans les magasins d'aliments naturels et les épiceries orientales. Accompagne très bien le tofu teriyaki et les légumes grillés à l'asiatique

Marmelade d'échalotes

DONNE ENVIRON 250 ML (1 TASSE) ★ 6 PORTIONS

480 g (1 lb) d'échalotes, coupées en fines tranches

500 ml (2 tasses) de vin rouge sec

60 ml (¼ tasse) de vinaigre balsamique, ou plus au goût

60 ml (¼ tasse) de miel, ou plus au goût

2 c. à soupe de sucre

1 pincée de poivre de Cayenne

1 pincée de clous de girofle moulus

Environ ½ c. à café (½ c. à thé) de gros sel

Environ ½ c. à café (½ c. à thé) de poivre noir

1. Dans une grande sauteuse à l'épreuve de la corrosion, mettre tous les ingrédients (n'utiliser qu'un peu de sel et de poivre pour commencer) avec 500 ml (2 tasses) d'eau. Les échalotes doivent être entièrement recouvertes. Amener à ébullition, réduire le feu à température moyenne et laisser mijoter à découvert de 30 à 40 min, jusqu'à ce que le liquide soit complètement absorbé. Remuer de temps à autre, plus souvent vers la fin. Baisser le feu au besoin pour empêcher les échalotes de brûler.
2. Goûter et ajouter au besoin du sel, du poivre, du vinaigre ou du miel. La marmelade doit être légèrement sucrée et aigre mais très assaisonnée. Transvider dans des bocaux propres (voire stérilisés). Cette marmelade se conserve quelques semaines dans le réfrigérateur.

VARIANTES : On peut faire de la marmelade avec d'autres membres de la famille des alliums, surtout les oignons blancs et rouges. Achetez-en 960 g (2 lb). Cette recette peut aussi accommoder les poireaux. Il faut acheter 960 g (2 lb) de poireaux entiers pour obtenir 480 g (1 lb) de poireaux parés.

NOTE : Accompagne très bien les champignons grillés et les sandwiches aux légumes.

Mayonnaise béarnaise

DONNE ENVIRON 375 ML (1 ½ TASSE) ★ 6 À 8 PORTIONS

1 ou 2 échalotes, émincées

½ c. à café (½ c. à thé) de poivre noir grossièrement moulu

125 ml (½ tasse) de vin blanc sec

3 c. à soupe de vinaigre de vin blanc ou de vinaigre blanc distillé, ou plus au goût

Gros sel

3 ou 4 brins d'estragon frais, équeutés (assez pour obtenir 3 c. à soupe d'estragon haché)

300 ml (1 ¼ tasse) de mayonnaise

1. Dans une casserole à l'épreuve de la corrosion, amener à ébullition les échalotes, le poivre, le vin et le vinaigre. Laisser bouillir environ 8 min et réduire jusqu'à ce qu'il ne reste plus que 50 ml (¼ tasse). Verser dans un bol et laisser refroidir.
2. Amener 250 ml (1 tasse) d'eau salée à ébullition dans une casserole. Blanchir l'estragon 10 secondes. Égoutter dans une passoire, rincer à l'eau froide et égoutter de nouveau. Éponger l'estragon avec du papier essuie-tout et le hacher finement. Ajouter l'estragon et la mayonnaise aux autres ingrédients et fouetter vigoureusement. Ajouter du sel et du vinaigre au besoin. Cette mayonnaise doit être bien assaisonnée. Couvrir et garder dans le réfrigérateur où on pourra la conserver au moins 5 jours.

NOTE : Accompagne très bien les asperges et les artichauts grillés.

Pico de Gallo

DONNE ENVIRON 500 ML (2 TASSES) ★ 6 À 8 PORTIONS

1 gousse d'ail, émincée

½ c. à café (½ c. à thé) de gros sel, ou plus au goût

2 tomates rouges mûres, épépinées et coupées en petits dés

2 à 6 piments serranos ou jalapenos, épépinés et finement hachés (laisser les graines pour un goût plus piquant)

½ oignon blanc moyen, coupé en petits dés

10 g (¼ tasse) de coriandre fraîche, hachée

3 c. à soupe de jus de citron vert, ou plus au goût

1. Dans un bol moyen à l'épreuve de la corrosion, réduire le sel et l'ail en purée avec le dos d'une cuillère de bois. Ajouter les autres ingrédients et remuer doucement. Goûter et ajouter au besoin du sel ou du jus de citron vert. Cette sauce sera meilleure si on la sert dans les quelques heures qui suivent sa préparation.

NOTE : Accompagne très bien les quesadillas, les poivrons grillés et tous les plats d'inspiration mexicaine.

Relish aux concombres

DONNE ENVIRON 500 ML (2 TASSES) ★ 4 À 6 PORTIONS

Cette relish croquante et colorée existe sous plusieurs autres formes dans le merveilleux univers de la cuisine au barbecue. Le caractère croquant et rafraîchissant du concombre et de l'oignon crée un contraste intéressant avec les aliments grillés encore chauds.

1 concombre

60 g (¼ tasse) de sucre, ou plus au goût

1 gousse d'ail, émincée

½ c. à café (½ c. à thé) de gros sel, ou plus au goût

½ c. à café (½ c. à thé) de poivre noir

60 ml (¼ tasse) de vinaigre blanc distillé

60 g (⅓ tasse) d'oignon rouge, en dés

3 c. à soupe de coriandre fraîche, hachée

2 c. à soupe d'arachides grillées à sec, finement hachées (facultatif)

1. Peler le concombre en enlevant la pelure en fines lamelles. Laisser un peu de pelure sur le concombre entre les lamelles qu'on enlève. Couper le concombre en deux sur la longueur. Enlever les graines avec une cuillère ou une cuillère à melon et couper la chair en dés de 1,25 cm (½ po).
2. Dans un bol à l'épreuve de la corrosion, mettre le sucre, l'ail, le sel et le poivre. Réduire en purée avec le dos d'une cuillère de bois. Ajouter le vinaigre et 50 ml (¼ tasse) d'eau. Remuer jusqu'à dissolution du sucre et du sel. Incorporer les concombres, les oignons et la coriandre. Goûter et ajouter au besoin du sel ou du sucre. Ajouter les arachides et servir immédiatement.

PELER UN CONCOMBRE : J'aime laisser un peu de pelure sur les concombres que je pèle. Quand on les tranche en travers, on obtient une touche de couleur verte fort jolie.

NOTE : Accompagne très bien les sandwiches au fromage de chèvre.

Salsa à la mangue

DONNE ENVIRON 750 ML (3 TASSES) ★ 4 PORTIONS

Les salsas à la mangue ont fait leur apparition sur nos tables au début des années 1990. Leurs couleurs dignes d'un kaléidoscope et leurs saveurs fruitées et explosives ont vite fait la joie des amateurs de cuisine en plein air.

1 mangue mûre, pelée, dénoyautée et coupée en dés

1 concombre, brossé, épépiné et coupé en dés

½ oignon rouge moyen, coupé en dés

10 g (¼ tasse) de coriandre fraîche, hachée

½ piment scotch bonnet (ou autre piment fort), épépiné et émincé (laisser les graines pour un goût plus piquant)

3 c. à soupe de jus de citron vert, ou plus au goût

1 c. à soupe de cassonade, ou plus au goût

1. Dans un bol à l'épreuve de la corrosion, remuer tous les ingrédients. Goûter et ajouter au besoin du jus de citron vert ou de la cassonade. Le goût de la sauce sera meilleur si on la sert quelques heures après sa préparation.

MÛRISSAGE DES MANGUES : Laissez la mangue à la température ambiante jusqu'à ce qu'elle commence à sentir bon et qu'elle cède doucement sous la pression du doigt. Ne vous fiez pas à sa couleur puisque certaines variétés restent vertes une fois mûres. Attention : certaines personnes sont allergiques au jus de mangue. Si votre peau est sensible, portez des gants de caoutchouc.

NOTE : Accompagne très bien les sandwiches à la goyave et au *queso blanco*.

Salsa au piment chipotle

ENVIRON 175 ML (¾ TASSE)

6 tomatilles (240 g/8 oz en tout)

5 tomates prunes (360 g/12 oz en tout)

4 gousses d'ail, enfilées sur un cure-dent de bois ou une brochette de bambou

1 petit oignon, en quartiers

1 à 2 piments chipotles en conserve (voir Notes) avec 2 c. à café (2 c. à thé) de leur sauce adobo, ou plus au goût

3 c. à soupe de coriandre fraîche, hachée finement

1 c. à soupe de jus de citron vert frais, ou plus au goût

½ c. à café (½ c. à thé) de sucre, ou plus au goût

Gros sel de mer ou sel casher et poivre noir frais moulu

1. Préparer le gril pour cuisson à chaleur directe (voir p. 10 pour cuisson au charbon de bois et p. 15 pour cuisson au gaz) et préchauffer à température élevée.
2. Quand le gril est prêt, brosser et huiler la grille. Déposer les tomatilles, les tomates, l'ail et les oignons sur la grille chaude. Compter de 3 à 5 min de cuisson de chaque côté pour que les légumes soient très foncés sur toutes les faces. Compter de 2 à 4 min de cuisson de chaque côté pour l'ail.
3. Mettre les légumes grillés sur une planche à découper et laisser refroidir. Racler un peu de la pelure brûlée, mais en garder une grande partie. Les taches foncées ajouteront de la couleur et du goût à la salsa.
4. Couper les légumes en morceaux de 2,5 cm (1 po) et les réduire en purée à l'aide du robot de cuisine en même temps que les piments et leur sauce, la coriandre, le jus de citron et le sucre. Rectifier l'assaisonnement en sauce adobo, en sucre, en sel et en poivre au goût. Couvrir et conserver jusqu'à 3 jours dans le réfrigérateur.

NOTES: Les piments chipotles sont des jalapenos fumés. Ils renforcent la saveur fumée de la salsa. J'utilise rarement des aliments en conserve, mais les chipotles font exception puisqu'ils sont conservés dans une sauce épicée et vinaigrée (adobo) qui rehausse merveilleusement leur goût.
Accompagne très bien les quesadillas.

ÉVIDER UN POIVRON: La manière la plus simple d'épépiner et d'évider un poivron consiste à couper les côtés tout autour du pédoncule et de la partie centrale tel qu'on peut le voir ici.

Salsa aux tomates et aux poivrons

DONNE ENVIRON 750 ML (3 TASSES) ★ 6 PORTIONS

Mi-salsa, mi-salade, cette relish simple est absolument délicieuse. Les Argentins la nomment *salsa criolla* (sauce créole).

2 tomates mûres (environ 480 g/1 lb), épépinées et coupées en dés de 6 mm (¼ po)

1 oignon doux moyen (ou ½ gros oignon), coupé en dés de 6 mm (¼ po)

½ poivron vert, coupé en dés de 6 mm (¼ po)

½ poivron jaune, coupé en dés de 6 mm (¼ po)

2 c. à soupe d'huile d'olive extravierge

2 c. à soupe de vinaigre de vin rouge, ou plus au goût

3 c. à soupe de persil plat frais, haché

1 c. à café (1 c. à thé) d'origan séché

Gros sel et poivre noir

1. Dans un bol à l'épreuve de la corrosion, mélanger les tomates, les oignons, les poivrons, l'huile, le vinaigre, le persil et l'origan. Saler et poivrer. Goûter et ajouter au besoin du vinaigre ou du sel. La sauce doit être très assaisonnée. On peut la préparer jusqu'à 4 h à l'avance, la couvrir puis la garder dans le réfrigérateur. Laisser à la température ambiante avant de servir. Il peut être nécessaire de rectifier l'assaisonnement avant de la servir.

NOTE : Accompagne très bien les fromages grillés.

ÉPÉPINER UNE TOMATE

1 Pour épépiner une tomate, la couper en deux en travers et la tenir dans une main, face coupée vers l'extérieur.

2 Presser doucement la tomate pour faire sortir les graines. Utiliser le bout des doigts ou le manche d'une cuillère pour enlever celles qui sont plus difficiles à éliminer.

Salsa aux tomates fumées

DONNE 375 ML (1 ½ TASSE)

NÉCESSAIRE : 1 ½ tasse de copeaux de bois (hickory ou chêne de préférence) trempés 1 h dans suffisamment d'eau froide puis égouttés.

La salsa et le feu forment un couple inséparable. Depuis les Aztèques, on fait griller sur la braise des tomates, des oignons, des piments et d'autres ingrédients délicieux. Cette salsa est particulièrement bonne avec des chips de tortillas ou, mieux encore, du pain grillé (voir la recette de bruschetta, p. 39).

6 tomates prunes (environ 600 g/1 ¼ lb), coupées en deux sur la longueur

2 à 4 jalapenos, équeutés, coupés en deux et épépinés (garder les graines si l'on veut un goût plus piquant)

1 épi de maïs, épluché

¼ d'oignon Vidalia (ou autre oignon blanc doux), pelé

2 gousses d'ail, épluchées et enfilées sur des cure-dents de bois

3 c. à soupe de coriandre fraîche, hachée finement

2 c. à soupe de jus de citron vert frais pressé, ou plus au goût

Gros sel de mer ou sel casher et poivre noir frais moulu

1. Préparer le gril pour cuisson à chaleur indirecte (voir p. 12 pour cuisson au charbon de bois et p. 16 pour cuisson au gaz) et préchauffer à température moyenne. Si on a un appareil alimenté au gaz, mettre les copeaux de bois dans le bac à copeaux (voir p. 17) et préchauffer jusqu'à ce qu'une fumée commence à se dégager.
2. Quand le gril est prêt, brosser et huiler la grille. Jeter les copeaux de bois de part et d'autre sur la braise si on a un barbecue au charbon de bois. Déposer les légumes au centre de la grille, loin de la chaleur, et fermer le couvercle. Faire fumer de 15 à 20 min, jusqu'à ce que les légumes soient fumés à l'extérieur, mais toujours croquants à l'intérieur.
3. Mettre les légumes sur une planche à découper et laisser refroidir à température ambiante. Couper les tomates, les oignons et les piments en morceaux de 2,5 cm (1 po). Couper les gousses d'ail en deux. Détacher les grains de l'épi de maïs à l'aide d'un couteau de chef.
4. Mettre les légumes fumés dans le robot de cuisine et hacher grossièrement en faisant fonctionner l'appareil et en l'arrêtant à quelques reprises. Ajouter la coriandre et le jus de citron vert. Ajouter du jus de citron vert si nécessaire. Saler et poivrer au goût. La salsa doit être bien assaisonnée. Elle est meilleure le jour même, mais elle sera encore bonne pendant quelques jours si on la conserve couverte dans le réfrigérateur.

VARIANTE : Vous pouvez faire cuire les légumes en les fumant dans un fumoir. Si vous utilisez un fumoir, suivez les instructions du manufacturier. Préchauffez à 110-120 °C (225-250 °F). Placez le tofu dans le fumoir et fumer jusqu'à l'obtention d'une coloration dorée, soit 1 à 1 ½ h à feu doux.
Vous pouvez aussi faire une salsa de tomates grillées : préchauffer le gril pour cuisson à chaleur directe (voir p. 10 pour cuisson au charbon de bois et p. 15 pour cuisson au gaz) et préchauffer à chaleur élevée. Faire noircir l'extérieur des légumes de 6 à 10 min. Les légumes doivent être croquants à l'intérieur. Suivre ensuite les 3 et 4 de la recette.

Salsa Verde

DONNE 625 À 375 ML (2 ½ À 3 TASSES) ★ 6 PORTIONS

Cette sauce aux tomatilles est une pierre angulaire de la cuisine mexicaine. Les légumes sont cuits traditionnellement sur un *comal* (poêlon plat), mais on peut les griller directement sur le gril. Les tomatilles sont de petits fruits verts et ronds recouverts d'une membrane fine comme du papier. Elles ressemblent à des tomates cerises vertes, mais elles sont plutôt cousines avec les groseilles à maquereau. Il suffit d'enlever leur membrane avant de les utiliser.

480 g (1 lb) de tomatilles fraîches, sans leur membrane

½ oignon blanc moyen, coupé en deux de nouveau

3 gousses d'ail, pelées

3 à 5 piments serranos ou jalapenos, épépinés (laisser les graines pour un goût plus piquant)

10 g (¼ tasse) de coriandre fraîche, hachée

½ c. à café (½ c. à thé) de sucre, ou plus au goût

½ c. à café (½ c. à thé) de gros sel, ou plus au goût

½ c. à café (½ c. à thé) de poivre noir

125 à 250 ml (½ à 1 tasse) de bouillon de légumes ou d'eau

1. Chauffer un *comal* ou un poêlon moyen sur feu moyen-élevé. Mettre les tomatilles dans le poêlon et les faire brunir sur toutes les faces de 6 à 8 min en les retournant avec une pince. Ajouter les oignons, l'ail et les piments et laisser brunir légèrement de 8 à 10 min pour les oignons et de 4 à 6 min pour les piments et l'ail. On peut aussi les griller sur le gril selon la méthode de cuisson à chaleur directe. Transvider sur une assiette et laisser refroidir.
2. Mettre les légumes grillés dans le robot de cuisine avec la coriandre, le sucre, le sel et le poivre. Réduire en purée épaisse. Verser suffisamment de bouillon (ou d'eau) pour obtenir une sauce facile à verser. Transvider dans une casserole à l'épreuve de la corrosion et laisser mijoter 5 min sur feu moyen-élevé, jusqu'à épaississement. Goûter et ajouter au besoin du sel ou du sucre.

NOTE : Accompagne très bien les quesadillas et les champignons grillés.

Sauce au raifort et aux fines herbes

DONNE ENVIRON 500 ML (2 TASSES) ★ 8 À 12 PORTIONS

1 morceau de racine de raifort fraîche de 5 x 3,75 cm (2 x 1 ½ po), pelée ou 2 à 3 c. à soupe de raifort blanc préparé

125 ml (½ tasse) de crème sure

2 c. à soupe de fines herbes fraîches mélangées (incluant origan, romarin, basilic et persil plat)

1 c. à soupe de jus de citron, ou plus au goût

½ c. à café (½ c. à thé) de zeste de citron, râpé

½ c. à café (½ c. à thé) de gros sel, ou plus au goût

½ c. à café (½ c. à thé) de poivre noir fraîchement moulu, ou plus au goût

250 ml (1 tasse) de crème épaisse (35 %), refroidie

1. Si on utilise du raifort frais, le râper finement ou le hacher à l'aide du robot de cuisine avec la lame métallique. (Couper le raifort en tranches de 6 mm (¼ po) d'épaisseur avant de le hacher.) Quelle que soit la méthode choisie, ne pas inhaler l'odeur pénétrante du raifort.
2. Dans un bol à l'épreuve de la corrosion, mélanger à l'aide d'un fouet le raifort râpé ou haché, la crème sure, les fines herbes, le jus et le zeste de citron, le sel et le poivre.
3. Verser la crème épaisse dans un grand bol refroidi et battre à l'aide du batteur électrique jusqu'à formation de pics mous. Incorporer délicatement cette crème fouettée dans la crème sure contenant le raifort. Couvrir et garder dans le réfrigérateur jusqu'au moment de servir. Le goût de la sauce sera meilleur si on la sert quelques heures après sa préparation, mais on peut la conserver quelques jours dans le réfrigérateur.

NOTE : Accompagne très bien les portobellos et autres champignons grillés.

Le raifort fraîchement râpé a plus de saveur que le raifort préparé.

Sauce au gorgonzola

DONNE ENVIRON 625 ML (2 ½ TASSES)

120 g (4 oz) de gorgonzola (sans croûte)
250 ml (1 tasse) de mayonnaise
250 ml (1 tasse) de crème sure
3 c. à soupe d'oignons, émincés
½ c. à café (½ c. à thé) de poivre noir
Gros sel, au besoin

1. Passer le fromage à travers une passoire ou un tamis placé au-dessus d'un bol. Incorporer la mayonnaise, la crème sure, les oignons et le poivre. Ajouter du sel au besoin, mais le fromage est déjà très salé. On peut préparer cette sauce 4 h à l'avance.

NOTE : Accompagne très bien la polenta et le maïs grillé.

Sauce aux arachides à l'orientale

DONNE ENVIRON 500 ML (2 TASSES) ★ 8 PORTIONS

Le lait de noix de coco non sucré est facile à trouver dans les épiceries fines, les marchés orientaux et la plupart des supermarchés.

2 c. à soupe d'huile végétale
3 gousses d'ail, émincées
1 à 3 piments thaïlandais ou jalapenos, épépinés et émincés (laisser les graines pour un goût plus piquant)
1 c. à soupe de gingembre frais, pelé et émincé
1 grosse échalote, ou 2 moyennes, émincées
160 ml (⅔ tasse) de beurre d'arachide croquant
330 ml (1 ⅓ tasse) de lait de noix de coco non sucré
3 c. à soupe de coriandre fraîche, finement hachée
3 c. à soupe de sauce soja, ou plus au goût
1 c. à soupe de jus de citron vert, ou plus au goût
1 c. à soupe de cassonade, ou plus au goût
1 c. à café (1 c. à thé) de coriandre moulue
½ c. à café (½ c. à thé) de poivre noir

1. Chauffer l'huile dans un wok ou une casserole sur feu moyen. Ajouter l'ail, les piments, le gingembre et les échalotes, et cuire de 3 à 5 min, jusqu'à ce qu'ils soient dorés. Réduire la chaleur pour caraméliser l'ail et les échalotes sans les brûler.
2. Incorporer le beurre d'arachide et cuire 1 min. Ajouter les autres ingrédients et laisser mijoter de 3 à 5 min en fouettant pour bien mélanger. Ajouter un peu d'eau si la sauce est trop épaisse (on doit pouvoir la verser facilement). Goûter et ajouter au besoin du jus de citron vert et de la cassonade. Transvider dans des bocaux propres (stériles si possible) et conserver jusqu'à 5 jours dans le réfrigérateur.

NOTE : Accompagne très bien le tofu et les patates douces.

Sauce aux tomates grillées

DONNE ENVIRON 875 ML (3 ½ TASSES)

On pense rarement à utiliser le gril pour faire une soupe ou une sauce tomate. Mais je vais vous convaincre d'essayer cette recette. La sauce sera imprégnée d'un arôme de fumée qui rehaussera le caractère naturellement sucré des tomates. Depuis des milliers d'années, les Mexicains font griller les tomates, les oignons et les piments pour concocter des salsas remplies de saveurs. J'ai adapté leur technique pour obtenir une sauce exceptionnellement bonne. Servez-la avec de la polenta grillée ou des pâtes.

5 belles tomates rouges bien mûres (environ 1 kg/2 lb), coupées en deux en travers et équeutées

1 oignon blanc moyen, pelé et coupé en quartiers

1 branche de céleri

4 gousses d'ail, pelées et enfilées sur un cure-dent de bois ou une brochette de bambou

3 c. à soupe d'huile d'olive extravierge

1 c. à café (1 c. à thé) d'origan séché

½ c. à café (½ c. à thé) de cayenne en flocons

1 feuille de laurier

6 feuilles de basilic frais

Gros sel de mer ou sel casher et poivre noir frais moulu

60 à 175 ml (¼ à ¾ tasse) de bouillon de légumes ou d'eau (facultatif)

1. Préparer le gril pour cuisson à chaleur directe (voir p. 10 pour cuisson au charbon de bois et p. 15 pour cuisson au gaz) et préchauffer à température élevée.
2. Quand le gril est prêt, brosser et huiler la grille. Déposer les tomates, face coupée vers le haut, les oignons, le céleri et l'ail sur la grille chaude. Compter de 3 à 5 min de cuisson de chaque côté pour que les tomates et les oignons soient bien colorés. Compter de 2 à 4 min de cuisson de chaque côté pour le céleri et l'ail.
3. Mettre les légumes grillés dans une assiette et laisser refroidir. Hacher finement les oignons, le céleri et l'ail à la main ou à l'aide du robot de cuisine. Chauffer l'huile d'olive à feu moyen dans une grande casserole. Ajouter les oignons, le céleri, l'ail, l'origan, le piment et la feuille de laurier. Cuire de 4 à 5 min pour faire brunir légèrement.
4. À l'aide du robot de cuisine, réduire en purée grossière les tomates et leur jus ainsi que le basilic. Verser dans la casserole contenant les légumes. Cuire à feu moyen jusqu'à ce que la sauce commence à mijoter. Baisser le feu et laisser mijoter doucement de 8 à 10 min, jusqu'à ce qu'elle épaississe et dégage tout son arôme. Saler et poivrer au goût. La sauce doit être épaisse mais facile à verser. Si elle est trop épaisse, ajouter un peu d'eau ou de bouillon. Retirer et jeter la feuille de laurier.
5. Couvrir et conserver jusqu'à 4 jours dans le réfrigérateur ou 2 mois dans le congélateur. Avant de l'utiliser, la laisser reposer à température ambiante, puis la réchauffer à feu moyen dans une casserole en la remuant souvent.

NOTE : Accompagne aussi très bien les sandwiches et les fromages grillés.

Sauce barbecue blanche

DONNE ENVIRON 425 ML (1 ¾ TASSE) ★ 6 À 8 PORTIONS

1 c. à café (1 c. à thé) de gros sel, ou plus au goût

1 c. à café (1 c. à thé) de poivre noir

½ c. à café (½ c. à thé) de sucre

2 c. à soupe d'oignon, émincé

1 gousse d'ail, émincée

250 ml (1 tasse) de mayonnaise

125 ml (½ tasse) de vinaigre blanc distillé, ou plus au goût

1. Dans un petit bol à l'épreuve de la corrosion, combiner le sel, le poivre, le sucre, l'oignon et l'ail. Réduire en purée avec le dos d'une cuillère de bois. Incorporer la mayonnaise et le vinaigre. Ajouter du sel et du vinaigre au besoin. Transvider la sauce dans des bocaux propres (voire stérilisés) et garder dans le réfrigérateur. On peut conserver la sauce au moins 4 ou 5 jours.

NOTE : Accompagne très bien les champignons grillés et le tofu barbecue.

TRUC

- N'utilisez que de la vraie mayonnaise.

Sauce moutarde

DONNE ENVIRON 375 ML (1 ½ TASSE) ★ 8 PORTIONS

Les graines de moutarde donnent du croquant. Les jaunes sont les plus communes, mais pourquoi ne pas faire un mélange de graines jaunes, brunes et noires. Ces dernières sont vendues dans les épiceries indiennes.

2 c. à soupe de graines de moutarde

125 ml (½ tasse) de moutarde de Dijon ou de Meaux (ou un mélange des deux), ou plus au goût

125 ml (½ tasse) de mayonnaise

125 ml (½ tasse) de crème sure

2 c. à café (2 c. à thé) de sauce Worcestershire, ou plus au goût

1. Sur feu moyen, griller les graines de moutarde dans un poêlon sec de 2 à 3 min, jusqu'à ce qu'elles brunissent légèrement. Ne pas laisser brûler. Transvider dans un bol à l'épreuve de la chaleur et combiner en fouettant avec la moutarde, la mayonnaise, la crème sure et la sauce Worcestershire. Couvrir et garder jusqu'à 5 jours dans le réfrigérateur.

NOTE : Accompagne très bien le tofu, les patates douces, les brochettes de légumes et les pommes de terre fumées.

Sauce barbecue sucrée et fumée de Kansas City

DONNE ENVIRON 750 ML (3 TASSES)

Pour les Américains, la sauce barbecue est un condiment épais et sucré à l'arôme de fumée et au goût légèrement vinaigré. Bref, le genre de sauce que l'on prépare d'une main de maître depuis plusieurs décennies à Kansas City. Voici une version vite faite de ce pur délice.

500 ml (2 tasses) de ketchup, ou plus au goût

60 ml (¼ tasse) de mélasse, ou plus au goût

60 ml (¼ tasse) de vinaigre de cidre, ou plus au goût

60 ml (¼ tasse) de sauce Worcestershire, ou plus au goût

3 c. à soupe de cassonade ou de sucre roux, ou plus au goût

2 c. à soupe de moutarde préparée, ou plus au goût

1 c. à soupe de moutarde sèche, ou plus au goût

2 c. à café (2 c. à thé) d'arôme de fumée liquide, ou plus au goût

1 c. à café (1 c. à thé) de poudre d'ail, ou plus au goût

1 c. à café (1 c. à thé) de poudre d'oignon, ou plus au goût

½ c. à café (½ c. à thé) de poivre noir frais moulu, ou plus au goût

1. Mettre tous les ingrédients dans une casserole à fond épais et mélanger à l'aide d'un fouet. Amener doucement à ébullition à feu moyen. Laisser mijoter doucement environ 10 min, en fouettant souvent, jusqu'à ce que la sauce soit épaisse et dégage tout son arôme.
2. Rectifier l'assaisonnement au goût en ajoutant l'un ou l'autre des ingrédients. Transvider la sauce chaude dans des bocaux de verre. Bien fermer le couvercle et laisser refroidir à température ambiante. Une fois ouverts, les bocaux doivent être conservés dans le réfrigérateur où on pourra les garder quelques mois.

NOTE : Accompagne très bien le tofu, les patates douces, les brochettes de légumes et les pommes de terre fumées.

TRUC

- **La cassonade est plus foncée et a meilleur goût que le sucre granulé parce qu'elle contient de la mélasse. La cassonade foncée contient plus de mélasse que la cassonade pâle, ce qui lui donne plus de saveur. Les deux ont un léger goût malté qui les rend plus intéressantes que le sucre blanc. Dans la plupart des sauces et des épices barbecue, la cassonade pâle et la cassonade foncée peuvent être utilisées indifféremment. Si vous avez l'une ou l'autre à la maison, inutile de vous précipiter à l'épicerie pour acheter l'autre, surtout si la recette ne demande que quelques cuillerées.**

Sauce moutarde à l'aneth

DONNE ENVIRON 750 ML (3 TASSES) ★ 12 PORTIONS

375 ml (1 ½ tasse) de mayonnaise

175 ml (¾ tasse) de crème sure

125 ml (½ tasse) de moutarde de Dijon ou de moutarde au miel (seulement si on veut un goût sucré)

75 ml (⅓ tasse) d'aneth frais, haché

2 c. à soupe de jus de citron, ou plus au goût

½ c. à café (½ c. à thé) de zeste de citron finement râpé

½ c. à café (½ c. à thé) de gros sel, ou plus au goût

½ c. à café (½ c. à thé) de poivre noir, ou plus au goût

Brins d'aneth frais

1. À l'aide d'un fouet, combiner tous les ingrédients dans un bol à l'épreuve de la corrosion. Ajouter du jus de citron, du sel et du poivre au goût. Servir dans un bol ou dans des ramequins individuels avec des brins d'aneth frais.

NOTE : Accompagne très bien les asperges et les artichauts.

Trempette aux poires à l'orientale

DONNE ENVIRON 375 ML (1 ½ TASSE) ★ 6 À 8 PORTIONS

160 ml (⅔ tasse) de sauce soja

160 ml (⅔ tasse) de saké, de vin de riz chinois ou de xérès sec

80 g (⅓ tasse) de sucre

1 poire orientale, pelée, coupée en deux, évidée et finement hachée

3 oignons verts, parés et finement hachés

2 c. à soupe de graines de sésame grillées (voir p. 101)

½ c. à café (½ c. à thé) de poivre noir, ou plus au goût

1. Dans un bol à l'épreuve de la corrosion, mélanger la sauce soja, le saké et le sucre. Remuer jusqu'à dissolution du sucre. Incorporer les poires, les oignons verts, les graines de sésame et le poivre. Verser la sauce dans des petits bols à trempette individuels.

NOTE : Accompagne très bien le tofu, les champignons et les asperges.

Trempette vietnamienne

DONNE ENVIRON 250 ML (1 TASSE) ★ 4 PORTIONS

Quand les Vietnamiens cuisinent au barbecue, cette sauce fait naturellement partie de la recette. Le large éventail de saveurs proposé – sucré, aigre, salé et piquant – convient à plusieurs recettes.

1 morceau de carotte de 7,5 cm (3 po) de longueur

3 c. à soupe de sucre, ou plus au goût

2 gousses d'ail, émincées

125 ml (½ tasse) d'eau chaude

60 ml (¼ tasse) de sauce soja

60 ml (¼ tasse) de jus de citron vert, ou plus au goût

1 c. à soupe de vinaigre de riz ou de jus de lime

1 ou 2 piments serranos ou thaïlandais, coupés en travers en filaments minces comme du papier

¼ c. à café (¼ c. à thé) de poivre noir

1. À l'aide d'un éplucheur, couper les carottes sur la longueur en filaments minces comme du papier. Rassembler les filaments et les couper sur la longueur en filaments fins comme des cheveux. Rincer à l'eau froide dans une passoire et bien éponger avec du papier essuie-tout.
2. Dans un bol à l'épreuve de la corrosion, réduire le sucre et l'ail en purée avec le dos d'une cuillère de bois. Verser l'eau, la sauce soya, le jus de citron vert et le vinaigre de riz et remuer jusqu'à dissolution du sucre. Incorporer les piments et le poivre. Goûter et ajouter au besoin du sucre ou du jus de citron vert. La sauce doit offrir un fin équilibre entre le sucré, l'aigre et le salé. Verser dans des petits bols à trempette individuels.

NOTE : Accompagne très bien le tofu, les champignons et les asperges.

Index

Index des recettes

Index des techniques

Table des matières

Pour commencer, 6

Hors-d'œuvre, 27

Pains et sandwiches, 37

Légumes et tofu, 69

Desserts, 153

Sauces, sels épicés et condiments, 173

Suivez-nous sur le Web

Consultez nos sites Internet et inscrivez-vous à l'infolettre pour rester informé en tout temps de nos publications et de nos concours en ligne. Et croisez aussi vos auteurs préférés et notre équipe sur nos blogues !

EDITIONS-HOMME.COM
EDITIONS-JOUR.COM
EDITIONS-PETITHOMME.COM
EDITIONS-LAGRIFFE.COM

Achevé d'imprimer au Canada